I0165710

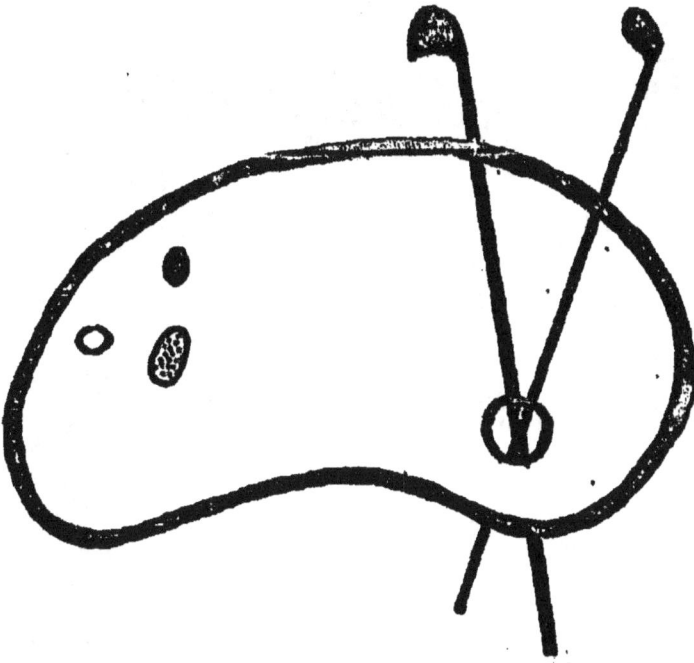

DEBUT D'UNE SERIE DE DOCUMENTS
EN COULEUR

ART

SCIENCES   LETTRES

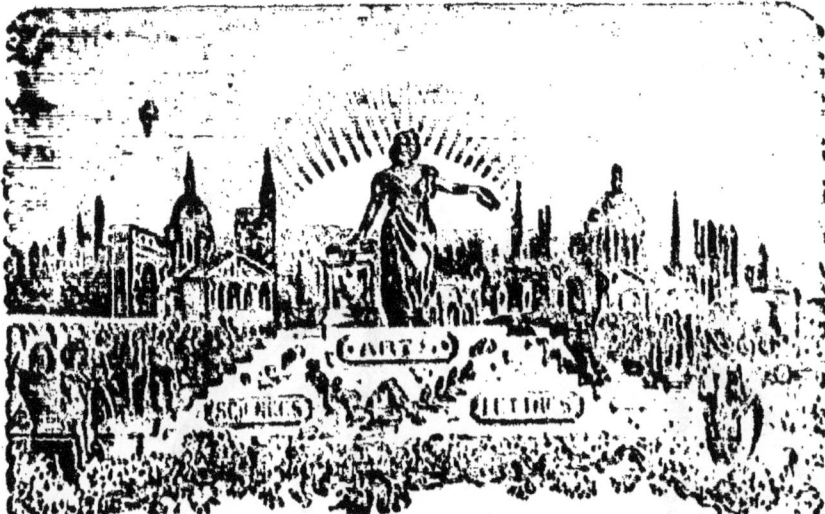

BIBLIOTHÈQUE NATIONALE

MÉMOIRES

DE

BEAUMARCHAIS

TOME IV

PARIS

Librairie de la **BIBLIOTHÈQUE NATIONALE**

L. BERTHIER, Éditeur

Passage Montesquieu (rue Montesquieu)

PRÈS LE PALAIS-ROYAL

Le Volume broché, **25 c.** Franco partout, **35 c.**

CHEZ TOUS LES LIBRAIRES

Et dans les Gares de Chemins de Fer

Bibliothèque Nationale. — Volumes à 25 c.
CATALOGUE AU 1er JANVIER 1895

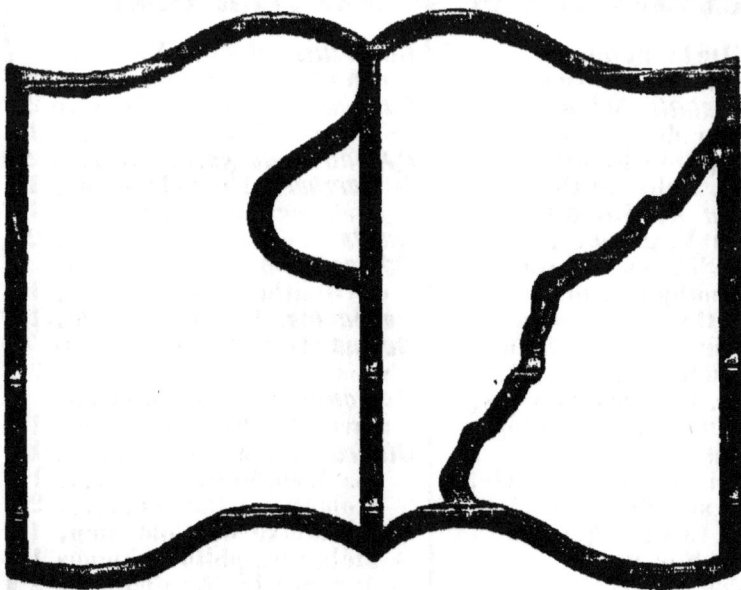

Texte détérioré — reliure défectueuse

NF Z 43-120-11

VALABLE POUR TOUT OU PARTIE DU
DOCUMENT REPRODUIT

Le vol. broché, **25** c.; relié, **45** c.; F°, **10** c. en sus par volume.

Nota. — Le colis postal diminue beaucoup les frais de por. :
1 colis de 3 kil. peut contenir 38 vol. brochés ou 34 reliés; celui e
5 kil., 65 vol. brochés ou 55 reliés.

*Adresser les demandes affranchies à M. L. BERTHIER, éditeur
passage Montesquieu, r. Montesquieu, près le Palais-Royal, Paris*

Dictionnaire de la Langue française usuelle, de 416 pages
Prix, cartonné, 1 fr.; franco, 1 fr. 20.

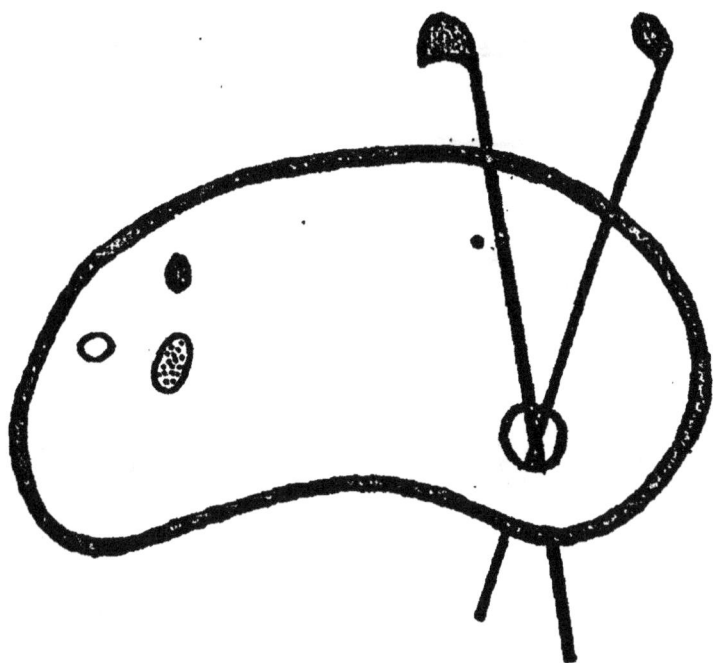

**FIN D'UNE SERIE DE DOCUMENTS
EN COULEUR**

BIBLIOTHÈQUE NATIONALE

COLLECTION DES MEILLEURS AUTEURS ANCIENS ET MODERNES

———◆◆◆———

MÉMOIRES

DE

BEAUMARCHAIS

—

TOME QUATRIÈME

—

PARIS

LIBRAIRIE DE LA BIBLIOTHÈQUE NATIONALE

PASSAGE MONTESQUIEU (RUE MONTESQUIEU)

Près le Palais-Royal

—

1895

Tous droits réservés

DÉPOT LÉGAL

3814

1895

MÉMOIRES

DE BEAUMARCHAIS

RÉPONSE INGÉNUE

DE PIERRE-AUGUSTIN CARON DE BEAUMARCHAIS

A LA CONSULTATION INJURIEUSE QUE LE COMTE
ALEXANDRE FALCOZ DE LA BLACHE
A RÉPANDUE DANS AIX

Beaumarchais payé ou pendu
Résumé de M. le P. de C., rapporté dans le
Mémoire au conseil.

SUITE

Eh'! Dieu ! où vais-je m'égarer ! je suis à
mille lieues du comte de la Blache, que j'ai
laissé triompher et faisant claquer ses pouces
de joie de me voir à la fin ruiné, blâmé, ex-
patrié !

Mais quel fut son étonnement lorsqu'il me
vit rentrer en France une requête en chaque
main, et résolu, comme à la mort, de suivre

la cassation des deux arrêts, dont l'un m'avait privé de mon état, l'autre de ma fortune! (Grâce à Dieu, au roi, à la justice, ils ont été depuis cassés tous deux!) mais alors le fatigué *Falcoz* eut encore le crève-cœur de rentrer en lice avec l'infatigable Beaumarchais.

Je dis le fatigué *Falcoz*, parce que la dernière de *ses ruses* avec l'ami Goëzman commençant à mal tourner, et s'étant vu lui-même un peu houspillé dans la grande mêlée du Palais, il n'y allait plus que d'une aile, et même en voulait si peu revoir, qu'après que je l'eus en vain pressé pendant quinze mois de produire ses défenses au conseil, je me vis forcé d'invoquer l'autorité du chef de la justice pour l'y contraindre.

A la fin donc, avec un gros soupir, il lui fallut songer à s'opposer de son mieux à la cassation que je sollicitais. Alors il fit demander à mon avocat, par le sien, si j'imprimerais encore. Je répondis qu'ayant beaucoup d'autres choses en tête, et mon état présent m'ayant ôté les trois quarts de mon fiel, s'il voulait s'en tenir aux manuscrits, je ne lui imprimerais plus rien...

Imbécile que j'étais! je dormais *sub umbrâ fœderis*, sur la foi du traité, quand tout à coup, à la veille du jugement, mon loyal adversaire, et son clerc *Chatillon*, inondent le public d'un mémoire, où le mot fripon, délayé dans soixante-douze pages de bêtises, n'en allait pas moins à me diffamer sur le fond de l'affaire, quoiqu'il n'en fût pas question au conseil.

Sa ruse était qu'ayant parlé seul cette fois, il laisserait dans les esprits, en perdant sa cause, au moins cette impression, que, si l'arrêt était trop vicieux pour se soutenir au conseil, l'acte du 1er avril était plus vicieux encore, et que le comte de la Blache avait pourtant raison au fond.

J'obtiens un court délai pour répondre, et j'écris jour et nuit avec une ardeur incroyable. Je n'avais plus que trois jours à filer lorsque je vois arrêter mon mémoire à l'impression par la plus superfine intrigue de mon adversaire.

Lisez là-dessus l'avertissement et la consultation servant d'exorde à mon *Mémoire au conseil*. Voyez tout ce qu'il m'en coûta, ce que je fis, avec quel excès de travaux, de courage et de fatigue je parvins, au dernier moment, à lever l'embargo secret mis sur mes presses; comment enfin mon écrit parut, ma cause fut gagnée, et l'arrêt pour le comte de Falcoz par le sieur Goëzman annulé, cassé tout d'une voix; les parties renvoyées au Parlement de Provence. Alors le désolé général, s'appuyant sur son aide de camp processif, lui dit avec douleur, comme un autre Lusignan : *Soutiens-moi, Chatillon*, en attendant que nous allions ensemble à Aix ! (où ils sont tous les deux.)

Arrêtons-nous un peu. Je m'essouffle à courir; car sitôt que l'ennemi peut ruser, il est si leste et si bien dans son élément, qu'on perd haleine à suivre sa piste. Arrêtons-nous donc; et, pour rafraîchir ma tête, écrivons posément mon verset ordinaire, le *gloria* de tous mes psaumes, et disons encore une fois avec vérité : Tout ceci doit bien trouver place aux faits et gestes du seigneur ON, intitulés *les Ruses du comte de la Blache*.

Je ne sais quel despote avait fait une loi qui déclarait digne de mort toute fille qui, devant épouser le prince, et ayant eu quelque inclination, ne l'avouait pas publiquement (Henri VIII, je crois). Si les tribunaux exigeaient que celui qui se rend accusateur d'un autre sera

tenu de déclarer si lui-même n'a jamais fait
injure à personne, cette loi, qui n'était qu'une
absurdité dans le despote anglais, donnant le
droit d'examiner tout accusateur; et se rap-
prochant de cette belle sentence du Sauveur
sur la femme adultère, étoufferait en naissant
bien des injustices. De la part du tyran, c'était
tourmenter inutilement la pudeur qui se re-
pent et demande à gémir en secret. Dans les
tribunaux, cette austérité salutaire arrêterait
bien des gens qu'un plus noble frein ne saurait retenir. Et pour première application
d'une loi si belle, je n'aurais pas aujourd'hui
l'indigne procès que l'iniquité me suscite!

Revenons au comte de la Blache, dont cette
digression ne m'a pas tant écarté que la dernière. Revenons à moi surtout; et montrons
qu'après bien du mouvement, du temps et de
l'or employé, après avoir perdu et recouvré
mon état de citoyen, qu'il me fit arracher;
après avoir parcouru un cercle fumeuse et de
maux et de biens, me voilà revenu en juin
1778, au point d'où je partis en février 1772,
quand j'eus gagné ma cause, avec dépens,
aux requêtes de l'hôtel.

Bientôt entraîné dans d'autres pays par
d'autres événements, et forcé de perdre un
peu de vue mon fidèle adversaire, mais assuré qu'étant renvoyé devant un parlement
sans mélange, intègre et composé d'hommes
éclairés, je n'avais rien à redouter de la surprise ou de l'abus qu'on tenterait d'y faire de
mon absence : je me livrais entièrement à
mon ardeur pour des travaux honorables, et
je tâchais de mettre en œuvre utilement les
grands préceptes de mon maître Duverney,
lorsqu'en 1775 j'apprends que son heritier
Falcoz, à son tour harassé de ma poursuite,
et sentant un peu tard le discrédit dont il
s'était couvert ; de plus, vaincu, disait-on, par

les larmes d'une jeune épouse, avait enfin formé le dessein de s'accommoder avec moi.

Un de ses amis avait cherché l'un des miens, et l'avait chargé de me faire des propositions. — Il vous trompe, leur dis-je : il me connaît trop bien pour espérer que je me relâche sur un seul des points d'une affaire où mon honneur est engagé : c'est la seule chose sur laquelle on ne transige point. De ma part, je le sais trop par cœur pour en attendre aucune justice volontaire. D'ailleurs, un accommodement est une moyenne entre les extrêmes, et je ne puis me relâcher sur rien. — Il vous tiendra pour homme d'honneur. — C'est mon affaire de l'y contraindre. — Il reconnaît la vérité de l'acte. — Avec quel tire-bourre, messieurs, a-t-on pu lui arracher ce grand mot-là? — Il vous accorde tout, et ne veut que le secret. — Impossible! on croirait que j'ai fait un traité avilissant. — au moins jusqu'à la signature. — Il vous trompe, vous dis-je, et cette *ruse* est mise en avant pour masquer quelque dessein que je n'ai ni le temps, ni l'intérêt, ni la volonté d'éclairer. — Que vous importe? est-on compromis pour écouter? — Non, mais on est indigné d'avoir été dupé. — Vous ne pouvez pas l'être. — Certainement; car je n'en crois rien du tout. Mais puisque vous le voulez, voici mon dernier mot. On mettra les propositions par écrit; je m'oblige au secret jusqu'à la signature, excepté pour un homme auguste à qui je ne dois rien cacher d'une affaire à laquelle il a pris tant d'intérêt. — Je vous entends. Je vais le proposer.

Le négociateur part, et revient avec le projet de transaction et le consentement de le montrer, mais à l'homme auguste seul : et moi, disant toujours, il vous trompe, il vous trompe, je prends le projet et le porte à l'augusto examen. Il est lu, débattu, discuté, puis enfin adopté. Pardon, monseigneur, si j'ai fait perdre une heure à Votre Altesse à lire un plan qui n'aura point d'exécution. — Pourquoi donc? — L'on marche avec moi trop simplement pour que j'y croie. — Il aura ce tort de plus, s'il vous trompe, et vous aurez l'honneur, vous, d'avoir pu vaincre un juste, un grand ressentiment.

Je rends l'acte, et j'exige qu'il soit rédigé par M⁰ Mommet, mon notaire; les conciliateurs le voient, le notaire minute l'acte, et lorsqu'il est question de signer, j'apprends par eux, non sans un peu de cette gaieté qu'inspire un grand dédain, que mon adversaire est parti pour Aix avec trois mille exemplaires d'un mémoire foudroyant, dont il va d'avance inonder ce nouveau théâtre de nos débats. — Et sur quel prétexte a-t-il rompu, messieurs? — Sur le portrait de M. Duverney, qu'il ne veut pas avoir l'humiliation de vous donner, parce qu'on se moquerait de lui, dit-il, après ce que vous avez imprimé dans votre *Mémoire au conseil.*

Il n'est plus, cet ami généreux! cet homme d'État, ce philosophe aimable, ce père de la noblesse indigente; le bienfaiteur du comte de la Blache et mon maître. J'avoue que le plaisir d'avoir reconquis son portrait, mesuré sur sa longue privation, sera l'un des plus vifs que je puisse éprouver. Telle est l'inscription que je veux mettre au bas :

« *Portrait de M. Duverney*, *promis* longtemps par lui-même; *exigé* par écrit de son vivant; *disputé* par son légataire après sa mort; *obtenu* par sentence des requêtes de l'hôtel; *rayé* de mes possessions par jugement d'un autre tribunal; *rendu* à mon espoir par arrêt du conseil du roi, et *définitivement adjugé* par arrêt du Parlement d'Aix *à son disciple Beaumarchais.* »

— Eh! c'est ce qui l'a fait partir! — Cette

nuit même pour la Provence, afin d'y arriver le premier : voilà le mot. Mais il n'a trompé que vous, messieurs : que Dieu l'y mène en joie ! et bon voyage au seigneur... En vérité, je ne sais plus quel nom lui donner sur une pareille pantalonnade ! Eh ! qu'il parte tranquille ! Ce sont là de ces avantages que je ne lui disputerai jamais ; je vais m'occuper d'autres affaires.

En effet, je partis, après avoir fait mettre au courrier d'Avignon que je suppliais tous les honnêtes gens de ne pas user de son dernier mémoire en Provence comme on avait fait des autres à Paris, afin qu'on pût juger en temps et lieu si j'y répondrais bien. Or, ce mémoire était le grand mémoire dont il vient de répandre hier matin, 15 juin 1778, dans Aix, d'une autre édition de trois mille exemplaires, en se faisant recommander par ses colporteurs à la bienveillance de tous ceux qui aiment les lectures inintelligibles.

Ce voyage avait deux objets : l'un, que j'ignorais, était de me devancer à Aix pour y écrémer tout le barreau : que dis-je, écrémer ? l'absorber en entier, s'il pouvait, de façon qu'il ne m'y restât pas un seul avocat à consulter quand j'y paraîtrais. Il n'a pas réussi : l'autre objet, dont j'avais souri d'avance, était de commencer le métier qu'on lui voit faire à la journée dans Aix depuis qu'il y séjourne.

Fidèle à son principe, et sachant bien *qu'il en faut toujours revenir à la calomnie*, il se donne un tel mouvement dans les sociétés, il s'est tant démené dans les carrefours, les rues et les ruelles, il a tant calomnié, que d'honnêtes personnes qui, ne me connaissant que par mes écrits, ne m'en auraient peut-être pas moins estimé, troublées par les affreux portraits qu'il fait de moi, chétif, sont toujours prêtes à se signer en me voyant passer, à me fuir comme un méchant, un ogre qui aurait mangé sa famille entière; car il ne marchande pas, je vous assure.

Cela me rappelle de très-aimables dames de la capitale, qui, bien endoctrinées par lui, poussaient la bonne foi du protégement jusqu'à dire, après avoir tout épuisé sur mon compte . « Au surplus, qu'est donc le sieur de Beaumarchais pour prétendre avoir raison contre M. le comte de la Blache, qui tient une bonne maison à Paris, est maréchal de camp et même bon gentilhomme? En vérité l'on ne connaît plus rien à ce pays-ci! »

— Votre adversaire a raison, monsieur : tout cela se redit, se répand, se propage, et laisse à la fin son empreinte...

— Au Parlement? je n'en crois rien : et si, dans un sujet grave, on osait dérober aux poëtes une image tant soit peu rebattue, je comparerais ces vaines rumeurs aux vagues mugissantes qui viennent se briser au pied du roc.

— Ces vagues l'ont entamé, Monsieur de Beaumarchais, et dans ce procès même!

— Non pas le roc, messieurs, mais des corps étrangers dont un orage affreux l'avait couvert! Autre temps, autre gens! Mais laissons les figures. Ce que je voulais dire, c'est que, m'ayant vu réclamer avec succès la protection tutélaire de la nation, et m'en envelopper dans une injure que le malheur des temps rendait commune à tous, mon ennemi se flatte à son tour d'armer contre moi tout le corps militaire et la noblesse entière.

Mais quelle différence de motifs! et qu'a de commun le corps de la noblesse avec un procès du plus vil intérêt? Quel, entre ceux qui le protègent, oserait en soutenir un pareil? Avec tous les courages, il faut encore celui de la honte pour en avoir le front! Moi, je réponds à tous ces protecteurs trompés : Ne confondons rien, messieurs. De même que Brutus, le bras ensanglanté, dit au peuple romain : J'aimais le grand César et j'ai tué l'usurpateur; de même, la plume en main, j'honorerai tant qu'on voudra l'homme de nom, l'officier général, pourvu qu'on m'abandonne le légataire universel... Eh bien, sans y penser, n'ai-je pas été le comparer à Jules-César? De quoi se plaint-il? Enfin, toute cette conduite et ces intrigues sourdes, voilà ce que le comte de la Blache appelle *bien suivre ses affaires*, et ce que je nomme avec dédain, moi, *les Ruses du comte de la Blache.*

Mais cette consultation de l'adversaire, que tout le monde essaye de lire pendant que j'y réponds, ne mériterait-elle pas aussi de trouver place en ce recueil ingénu *des ruses*, puisqu'elle-même en est la plus ample collection? On n'y lit pas une citation de bonne foi ! Rien qui n'y soit insidieux, dénaturé, tronqué, mutilé!

A l'occasion de mon voyage d'Espagne, en citant ces mots de M. Duverney, rapportés dans mon quatrième mémoire : *Allez, mon fils, sauvez la vie à votre sœur.....* Voyez comment le citateur laisse à l'écart ceux-ci qui les précèdent et qui sont pourtant le seul fait dont il doive être question pour lui :
« A l'instant de mon départ, je reçois la commission de négocier en Espagne une affaire très-intéressante au commerce de France. M. Duverney, touché du motif de mon voyage, m'embrasse et me dit : Allez, mon fils, sauvez la vie à votre sœur..... »

Voyez aussi comment, après ces mots : *sauvez la vie à votre sœur*, ce citateur fidèle substitue des points à une autre phrase intéressante, et qui peut seule fixer le vrai sens de celle-ci, à laquelle il passe tout de suite.....

« Voilà pour deux cent mille francs de billets au porteur que je vous remets pour augmenter votre consistance personnelle; » et pourquoi met-il des points au lieu de la phrase? Pour faire croire que ces deux cent mille livres étaient destinées à sauver ma pauvre sœur; ce qui devient en effet stupide à proposer. Au lieu que mon mémoire à moi porte ces mots à la place où sont des points dans celui du seigneur ON :

Quant à l'affaire dont vous êtes chargé, quelque intérêt que vous y preniez, souvenez-vous que je suis votre appui. Je l'ai solennellement promis à la famille royale, et je ne manquerai jamais à un engagement aussi sacré. Je m'en rapporte à vos lumières. Voilà pour deux cent mille livres de billets, *etc*...

Ce qui explique tout d'un coup pourquoi des billets et non une lettre de crédit. Les uns se déposent en cas d'affaire; l'autre, on en use à mesure de ses besoins. Mais je n'avais pas de besoins personnels : il me fallait seulement de quoi justifier mes offres au gouvernement espagnol, si l'on exigeait un dépôt.

— Eh! quelle était cette grande affaire? — C'est ce que montre assez bien le préambule de l'arrêt du conseil des Indes pour *el Asiento general de los Negros*, etc., imprimé à Madrid en 1765.

Yo el rey, etc: (traduit ainsi): *Moi le roi*, etc... s'obligeant d'approvisionner pour dix ans d'esclaves noirs différentes provinces de l'Amérique, etc. D'où il résulte qu'il a été présenté deux autres mémoires plus avantageux, l'un au nom de *don Pedro-Augustino Caron de Beaumarchais, apoderudo*..... chargé des pouvoirs d'une compagnie française; l'autre, etc., etc.

C'est aussi ce que la lettre du marquis de Grimaldi, ministre d'Espagne, apprend à mes lecteurs.

M. de Beaumarchais à Madrid.

Au Pardo, le 15 mars 1765.

MONSIEUR,

Quelle que soit la réussite des propositions que vous m'avez faites pour L'ÉTABLISSEMENT D'UNE COMPAGNIE DE LA LOUISIANE, elles font infiniment d'honneur à vos talents, et ne sauraient qu'augmenter l'opinion que j'en ai conçue.

J'ai été, monsieur, fort aise de vous connaître, et je le suis de pouvoir rendre témoignage de votre capacité... Je serai charmé de pouvoir vous rendre service en toute occasion : en attendant, j'ai le plaisir de vous souhaiter un bon voyage, et de vous prier de me croire, etc.

Signé : le marquis de GRIMALDI.

Dès ce temps-là, je n'étais donc pas ce petit homme que le grand comte de la Blache voudrait bien qu'on méprisât toujours comme un polisson, comme un vrai *Tirassoun!* Voilà donc l'opinion de M. Duverney justifiée par celle du ministre d'Espagne; le besoin de consistance, et les deux cent mille livres de billets fondés, et la méprisable *ruse* du légataire universel mise dans tout son jour.

Autre *ruse* aussi misérable! Voulant donner le fonds d'un contrat de soixante mille livres pour une donation déguisée de M. Duverney, le *soussigné* cite (page 30) ces termes de l'acte du 1er avril :

Comme j'exige que M. de Beaumarchais me rende la grosse du contrat de six mille livres viagères qu'il a de moi, quoiqu'il ne dût me le remettre que dans le cas où je ferais quelque chose pour lui (ce que je n'ai pu)...

Ici, le citateur fidèle s'arrête court, comme s'il n'y avait rien de plus dans l'acte à cet égard, et vous dit : Que signifierait cet exposé? sinon que c'est une donation déguisée, etc., etc. Mais cet honnête écrivain du comte de la Blache ne fait en ceci que copier la pitoyable *ruse* d'un autre honnête écrivain du comte de la Blache, que j'avais déjà couvert de confusion dans mon *Mémoire au conseil*, où l'on voit cette phrase :

Lisez, je vous prie, la partie du texte écartée par mon loyal adversaire, après ces mots : *ce que je n'ai pu;* vous verrez dans l'acte ceux-ci que M. Duverney ajoute, *et j'en reçois le fonds* (de ce contrat) *en quittance de la somme de soixante mille livres, aux termes dudit contrat.*

Donc, aux termes dudit contrat, les soixante mille livres avaient été fournies par moi ; donc cette rente était fondée sur un capital reconnu ; donc l'article invoqué, pour prouver que c'était une libéralité, démontre évidemment le contraire ; donc mon indignation est toujours légitime.

A quoi j'ajoute aujourd'hui : donc mon indignation doit s'accroître encore, en voyant un ennemi sans pudeur toujours reverser dans de nouveaux mémoires, à mesure qu'il change de tribunal, tous les arguments déjà foudroyés par mes réponses, et proscrits par les arrêts qui le condamnent. Et ce rhabillage est une des fortes raisons de la répugnance invincible qu'il a, dans ce Parlement, de joindre au procès tous ses anciens mémoires. Mais je lui en ferai l'injonction bien timbrée, parce que c'est la manière la plus sûre de les obtenir.

Autre *ruse* encore plus misérable.

Pour donner un air de contradiction et de louche aux objets les plus clairs, il feint d'oublier (p. 50 et 51) que, lorsque j'envoyai les deux doubles de l'acte à M. Duverney, le 22 mars 1770, en lui demandant rendez-vous pour finir, il me répondit : *à sept heures ce soir;* et là-dessus, voilà mon *soussigné* qui déraisonne à perte de vue, avec ce bruissement fatigant que les Latins nommaient *verba et voces*, et que nous traduisons en français par le mot énergique *amphigouri*.

En examinant les choses, on sent que je ne manquai pas au rendez-vous *de sept heures du soir*, puisqu'il s'agissait de finir : on sent encore, en voyant l'acte daté du 1er avril, que quelque chose a mis obstacle à sa consommation le 22 mars, et que j'en ai rapporté les deux doubles, puisque ma lettre du 6 avril prouve ensuite qu'ils sont retournés, avec les pièces, le 30 mars ou le 1er avril, chez M. Duverney.

Dans cette lettre du 5 avril, inquiet d'avoir remis tous mes titres, et de ne pas recevoir un des doubles de l'acte signé *Pâris Duverney*, on voit que je lui demandais avec instance : « Depuis trois jours... ces doubles... vous les avez gardés tous deux ! où en serais-je ? En vérité cela fait frémir ! au nom de l'amitié, renvoyez-m'en donc un, et faites de l'autre ce qui vous plaira, etc. » À quoi M. Duverney y répondit en m'envoyant le double.., *voilà notre compte signé*.

Comment donc tout cela peut-il être contradictoire ? On n'en sait rien : aussi le subtil raisonneur s'est-il tellement empêtré dans sa propre *ruse*, qu'en lisant son reproche on ne peut deviner ce qu'il a voulu dire. *Fiat lux !*

En honneur ! quand on voit de si plates finesses, une mauvaise foi si lourde et si bête, *on est tenté*, comme dit un de mes amis, *de se presser d'en rire, de peur d'être obligé d'en pleurer*. Tout est de la même force et brille d'une si grande clarté dans cette consultation, que, quand le comte de la Blache ajouterait aux noms de *Quatuor advocati subsignati*, *duodecim millia signati* du septième chapitre de l'*Apocalypsos*, elle n'en resterait ni moins obscure, ni plus raisonnée, ni mieux écrite, ni plus honnête, ni plus probante. Donc, puisqu'on ne sait ce que c'est. et qu'on n'en peut rien tirer,

le plus court est de la laisser là pour toujours.
Ainsi soit-il.

Ici finit *le recueil des ruses* employées contre
moi par le comte de la Blache en ce procès;
car je ne veux pas lui faire tort de croire qu'il
ait contribué à répandre avec une profusion
scandaleuse, à faire colporter et crier, il y
a trois mois, dans les rues d'Aix : « À deux
sous la réponse véritable et remarquable de la
demoiselle Déon, à monseigneur Caron Caril-
lon, dit Beaumarchais, etc... » Cela serait
aussi par trop rusé.

Les gens qui remarquent tout ont beau remarquer que, des trois ou quatre cents villes
du royaume où l'on pouvait me donner ce
grand discrédit, on n'a répandu la *Facétie Déon*
que dans *Aix*, où je plaide, et dans quelques
lieux circonvoisins, comme *Avignon*, *Marseille*
et *la Ciotat*... Encore pour cette ville... Oui, en
vérité, *la Ciotat*; car j'ai, dit-on, plus d'un il-
lustre ennemi.

Mais comment veut-on que j'y croie? et
quel rapport le comte de la Blache...? — Comment, quel rapport? Les ennemis de nos ennemis ne sont-ils pas plus d'à moitié nos
amis? Quel rapport! N'est-ce pas, des deux
parts, « une mauvaise tête qui défend un
mauvais cœur avec une mauvaise plume.? »

Voilà ce qu'il disent tous. Moi, je n'en crois
rien ; d'ailleurs je ne vois dans cette ingénieuse
diatribe que le badinage innocent d'une demoiselle d'esprit, très-bien élevée, qui a le
ton excellent, et qui surtout est si reconnais-
sante de mes services, qu'elle a craint que ma
lettre à M. le comte de Vergennes à son sujet,
la réponse de ce ministre, et mon envoi, ne
sortissent trop tôt de la mémoire des hommes.

Quant au cartel mâle et guerrier qu'elle
m'y adresse, quoique je n'aie pas manqué d'en
être effrayé, j'ai si peu oublié qu'elle était du

beau sexe, que, malgré ses cinquante ans, ses
jure-Dieu, son brûle-gueule et sa perruque,
je n'ai pu m'empêcher de lui appliquer à l'instant ces beaux vers de Quinault, mis en belle
musique par le chevalier Gluck :

> Armide est encor plus aimable
> Qu'elle n'est redoutable.

Au reste, je crois tout simplement que les
deux ou trois mille exemplaires de *la Facétie
Déon*, qu'on a colportés et criés dans toutes
les villes du ressort de ce Parlement, y sont
tombés du ciel, sans que ni M. de la Blache,
ni M. Marin, ni personne enfin y ait contribué.
Je ne parlerai donc pas de ce dernier trait, et
ne le toucherai point, comme de raison,
parmi *les ruses du comte de la Blache*.

C'est bien assez pour moi de l'avoir suivi
dans le dédale affreux de sa politique ; d'avoir
développé par quelle suite de *ruses* et de noirceurs il s'est successivement flatté d'en imposer à tous les tribunaux, et d'y déshonorer
un acte fait par deux hommes sensés, dont
il avoue n'avoir jamais connu ni les liaisons
ni les affaires.

J'ai prouvé, moi, la véracité des unes et la
filiation des autres.

J'ai prouvé qu'à la considération publique
dont un grand citoyen honora ma jeunesse,
il joignit sa tendre amitié.

J'ai prouvé que j'acquittai ce bienfait par le
plus grand service qu'il pût recevoir, selon
moi.

J'ai prouvé que, reconnaissant à son tour, il
me donna sa confiance, et déposa dans mon
sein ses plus importants secrets.

J'ai prouvé que, touché de son attachement, je l'ai toujours servi depuis avec le zèle
ardent d'un fils bien actif, et que, dès cet

Instant, deux commerces très-distincts n'ont pas cessé de marcher entre nous.

J'ai prouvé que son légataire, inquiet d'une liaison dont il redoutait les suites, a travaillé sous main, pendant dix ans, à la détruire.

J'ai prouvé que, n'ayant pu que la troubler pendant sa vie, il a résolu de s'en venger après sa mort.

J'ai prouvé qu'à son grand déshonneur il m'a fait un procès bien inique, et m'en a suscité un autre abominable.

J'ai prouvé que tous les compagnons, tous les agents, tous les moyens lui ont semblé bons, pourvu qu'il réussît à me ruiner, à me déshonorer.

Enfin, le fanal au poing, éclairant nos deux conduites, et partout les opposant, j'ai ramené cet adversaire, ou plutôt je l'ai traîné, depuis les premiers moments de sa haine implacable jusqu'à ceux où le Parlement d'Aix va couper enfin l'horrible nœud qui, depuis dix-huit ans, attache un vampire à ma substance.

Quant au fond du procès, comme il ne doit y avoir rien de vague dans les engagements civils qui fixent les propriétés, il ne peut y avoir non plus rien d'incertain dans la loi qui les juge et les gouverne. Un acte est vrai, ou il est faux. S'il est faux, passez à l'inscription, prouvez la fraude, et pendez le coupable. Si l'acte est vrai, c'est attenter à l'honneur, la plus chère des propriétés, que d'y souffrir, sans la punir, une infamante discussion très-étrangère à son essence.

Aussi tout acte vrai, qui n'a pas de nullité légale, ne peut-il être, au civil, entamé par rien dans un pays où il n'y a point de nullité de droit; et il est bien juste que cela soit ainsi. La terrible conséquence du principe opposé serait de soumettre à l'arbitraire d'une

jurisprudence incertaine et variable, comme
le sens des juges, l'adresse des défenseurs ou
le crédit des parties, d'y soumettre, dis-je, les
propriétés, les actes sacrés qui les assurent,
et qui, étant la base et le soutien de la société,
doivent être invariablement jugés par la loi
seule et selon la loi.

O vous! équitables magistrats dont j'attends
l'arrêt avec impatience, en le sollicitant avec
respect, je n'ai pas prétendu par ces récits
augmenter à vos yeux la force et la valeur
d'un acte inattaquable, et qu'ils n'ont pas seulement effleuré. Mais j'ai dû tranquilliser vos
âmes, en vous montrant que vous avez à justifier, à venger un homme d'honneur outragé,
à sanctionner le contrat civil de deux bons
citoyens.

Quoique, depuis huit ans, cet affreux procès, aliment fertile d'une haine infatigable,
ait coupé ma carrière, empoisonné mon existence, il vous est soumis dans le même état
que le jour qu'il naquit. C'est toujours, d'une
part, un acte bien pur et bien entier; de l'autre, des allégations, des vexations, des injures et des calomnies. Eh! le tiers de ma vie
s'est usé dans ces tristes débats.

J'ignore si quelque loi prononce les répara-
tions d'honneur que j'ai droit d'attendre;
mais celle qui me les adjuge est la plus sainte
de toutes; elle est gravée sur le cœur de tous
les honnêtes gens, sur les vôtres, ô sages magistrats! et vous savez ce que la sainteté de
votre ministère exige de vous en pareil cas.

Quant aux dommages et intérêts que je demande, et dont j'ai depuis longtemps indiqué
le noble emploi, en les considérant comme la
moindre peine qui puisse être infligée à tant
d'accusations injurieuses, ils doivent se me-
surer, non sur la fortune ou l'état de l'offensé,
mais toujours sur ceux de l'offenseur : autre-

ment il n'y a pas d'homme riche ou puissant
qui ne pût vexer impunément toutes les vic-
times qu'il voudrait se choisir dans les rangs
inférieurs : et le tribunal qui n'arracherait au
riche offenseur qu'une légère portion de son
superflu, manquant le but de la loi, ne satis-
ferait point l'offensé, qui non-seulement en
espère justice, mais qui se repose entièrement
sur vous, ô magistrats! du soin d'une vengeance dont il s'est si longtemps interdit la
douceur à lui-même.

J'AI TOUT DIT, MONSIEUR LE COMTE : aussi libre,
aussi franc dans mes défenses que vous êtes
vague, enveloppé dans les vôtres, je n'ai rien
dissimulé, J'AI TOUT DIT. Composé trop rapidement, si ce mémoire est tumultueux, s'il
manque de grâce et n'est pas assez fait, on
verra bien qu'il sort tout bouillant de ma poi-
trine, et que mon ressentiment l'a fondu d'un
seul jet. Mais qu'importe le talent, si l'ensemble et l'énergie des preuves imprime en mes
lecteurs la ferme conviction de mon droit? ce
n'est pas entre nous un assaut d'éloquence, et
le Palais n'est point l'Académie.

Rien ne doit donc arrêter aujourd'hui le jugement. Cette réponse n'exige point de réplique. Eh! que diriez-vous sur ces nouvelles
lettres que vous n'avez déjà dit sur les autres? Démentir et nier tout n'est-il pas votre
seul mot? Je les tiens d'avance pour démen-
ties! Quand vous aurez prétendu ces lettres
fausses, composées après coup, incohérentes
aux réponses, et ne prouvant rien, ou prouvant contre moi les inductions mal tirées, les
raisonnements mauvais, l'analogie pitoyable,
enfin tout ce que j'ai dit, un monceau de futi-
lités et de mensonges, aurez-vous fait faire un
pas de plus à vos preuves contre l'acte?

Vous pressiez le jugement dans l'état de vos
premières négations! La négation totale ici

ne fera qu'unir mes secondes preuves aux premières, sans rien changer à la question soumise au Parlement (la validité d'un acte libre et fait entre majeurs).

N'arrêtez donc plus notre arrêt, ou changez de système une huitième fois ; et voyant votre cause encore entraînée au civil, inscrivez-vous en faux au criminel ! Mais tout cela n'empêchera pas qu'on n'appelle de son vrai nom l'horrible singerie de toujours presser le jugement lorsque je ne dis mot, pour le renvoyer à cent ans aussitôt que je parle et que j'appuie mes preuves par des preuves nouvelles.

J'avais résolu de m'en tenir aux anciennes, et de ne plus dire un mot : je m'étais imposé la loi de garder ce ménagement pour vous, lorsque trois mille exemplaires d'injures répandues de nouveau contre moi dans la Provence ont allumé mon sang tout à coup : j'ai repris la plume et ne l'ai plus quittée. Mourez donc maintenant de honte et de chagrin, injurieux adversaire ! et cherchez qui vous plaigne après m'avoir tant provoqué !

Ce ne sont point ici des allégations dénuées de preuves, des lettres anonymes, des articles de gazette, des menées sourdes, intrigues de sociétés, des visites en grand uniforme, de petits propos à l'oreille, des calomnies répandues, et toutes les *ruses* que vous mettez en œuvre pour augmenter vos partisans.

Toujours nos différents caractères se sont peints dans nos différents procédés. Grand homme de guerre et de calcul au Palais, vous n'y faites que trop bien la guerre de chicane ! Ainsi qu'un général a toujours un aide de camp avec lui, vous n'arrivez nulle part sans le *vrai Chatillon* dans votre chaise ; et, pendant qu'il court les études, pique les clercs, galope les huissiers, dicte et hâte les exploits, répandu dans la place, vous veillez, vous rôdez, vous glissez, vous calomniez, et partout vous minez et contre-minez. Puis, bien et prudemment escorté, vous n'avancez à l'ennemi que sous la contrescarpe ou le chemin couvert.

Et moi, semblable au Tartare, à l'ancien Scythe, un peu farouche, attaquant toujours dans la plaine, une arme légère à la main, je combats nu, seul, à découvert ; et lorsque mon coup siffle et part, échappé d'un bras vigoureux, s'il perce l'adversaire, on sait toujours qui l'a lancé : car j'écris sur mon javelot :

CARON DE BEAUMARCHAIS.

LE TARTARE A LA LÉGION

Brûler n'est pas répondre.

Combien êtes-vous, messieurs, à m'attaquer, à former, à présenter, à signifier des requêtes en lacération et brûlure contre mes défenses légitimes? Quatre, cinq, six, dix, une légion! Comptons.

Premier corps : le comte de la Biache en chef, six avocats en parlement, un procureur.

Second corps en sous-ordre : un solliciteur étranger, Chatillon; troupe de clercs; troupe d'huissiers; troupe de recors, jusqu'à Vicenti le docteur inclusivement, etc., etc., etc.

Voilà ce que j'appelle une légion qui demande et sollicite la lacération et conflagration de mon mémoire.

Ne pouvant parler à tant de monde à la fois, je prends la liberté d'adresser la parole au chef en personne; que les autres m'écoutent s'ils veulent, et je dis :

Aussitôt que vous vous fâchez, monsieur le comte, mon devoir est de m'apaiser : non en ce que j'aurai rempli mon but, qui serait de vous mettre en colère (j'ai bien prouvé que c'est malgré moi que je me vois forcé de le faire); mais en ce que je crois fermement que, pour tenir une bonne conduite en cette affaire, je dois prendre en tout point le contre-pied de la vôtre.

Eh! pourquoi me brûler, monsieur le comte? Pourquoi mettre le ciel, le roi, la justice entre nous? Pourquoi se donner toujours une telle importance, qu'il faille armer toutes les puissances en cette cause, et contre un mémoire qui n'attaque que vous?

Qu'a de commun, je vous prie, la religion à notre procès? Quoi! ne peut-on dire et prouver que le comte de la Blache est un calomniateur sans que le ciel en soit blessé? Et quand je ne parviendrais pas à le prouver, qu'est-ce que cela fait à la religion? les moyens humains de me punir de cette témérité, si j'ai tort, ne sont-ils pas entre les mains des magistrats? ce qui suffit bien, sans aller intéresser le ciel et la terre en votre querelle.

Vous avez de l'humeur, je le crois bien : on en aurait à moins; car malgré la légion que vous commandez ici, je dois convenir avec vous que, pour un maréchal de camp, vous faites en Provence une triste campagne; et pendant que vos rivaux militaires, attentifs à tant de bruits de guerre, s'empressent à donner à la patrie les nobles témoignages d'un zèle ardent pour son service, j'avoue que la guerre honteuse que vous me faites ici doit avoir quelque chose d'assez humiliant pour votre amour-propre.

Mais à qui la faute? Est-ce à mon mémoire qu'il faut s'en prendre, et doit-il s'approcher du feu en expiation de ce que vous vous en éloignez? Vous conviendrez bien que, si on ne peut plus mal se conduire, en revanche on pourrait un peu mieux raisonner.

Prétendez-vous par hasard que mon mémoire offense la religion, en ce que j'ai puisé dans le poëme de l'île de Pathmos la comparaison latine qui vous rapproche du dragon malfaisant à qui l'Éternel avait donné pour un moment, dans ce poëme apocalyptique, le pouvoir de faire du mal et de transmettre à des bêtes celui d'en dire? Ce dragon et ces bêtes sont livrés dans cet ouvrage à la malédiction universelle, et il est de fait que même les plus grands saints n'ont jamais cru offenser Dieu dans leurs écrits en se moquant un

peu du diable et de ceux qui tâchent si bien
d'en accomplir l'œuvre inique.

Mais sans aller chercher mes raisons aussi
loin, voyez ce qui m'est arrivé dans mon procès Goëzman. Bertrand et Marin avaient
puisé, l'un dans le Missel, l'autre dans les
Psaumes, les épigraphes latines des injures
imprimées dont ils me régalaient. Moins rigoureux que vous, je n'ai fait que m'en mo-
quer, sans appeler le ciel et la religion au secours de mon ressentiment.

Si c'était bien de ma part de les accuser de
bêtise, ce n'était pas au moins les taxer d'im-
piété : aussi la justice d'alors ne crut-elle pas
devoir les traiter plus sévèrement que moi :
mais ce qu'il y a de plus mortifiant pour votre
proposition, c'est que, bien loin de brûler les
mémoires de ces deux pauvres d'esprit, dont
j'appelai l'un à ce sujet le sacristain et l'autre
l'organiste, et que vous eussiez nommés, vous,
profanateurs ! ce fut mes mémoires à moi
qu'on brûla, quoiqu'ils n'eussent point d'épigraphes latines tirées des Psaumes et de l'*In-
troïbo :* bien est-il vrai qu'on les a brûlés depuis, ce qui ne fait rien à l'affaire.

Mais quel sens moral doit-on en tirer? C'est
qu'il n'a jamais été défendu, pour imprimer
plus fortement aux sots et aux méchants le
mépris ou le dédain qu'ils méritent, de leur
appliquer un passage quelconque, quand il
vient si à propos à la plume, et que de pareilles allusions n'ont jamais fait encourir à
l'ouvrage de nul orateur la cruelle peine que
vous voudriez qu'on infligeât à ma triste orai-
son.

Que si j'ai rappelé dans un autre endroit
cette belle et sublime sentence du Sauveur sur
la femme adultère, en la rapportant à l'utilité
qu'il y aurait de soumettre les accusateurs à
l'examen sévère des tribunaux, j'ai voulu

montrer seulement que tel ennemi qui me
jette aujourd'hui la première pierre, bien examiné lui-même, au lieu du supplice de la conflagration qu'il veut m'infliger, pourrait bien
mériter lui-même celui de la lapidation.

Et comme ce n'est point en plaisantant que
j'ai cité ce passage, on peut bien trouver dans
ma phrase une juste indignation, mais non
pas, comme le dit le comte de la Biache, une
profanation criminelle.

Passons au reproche que vous me faites de
manquer de respect au roi dans mon mémoire,
et voyons qui de nous deux est le coupable,
ou de moi qui me soumets avec une confiance
respectueuse au tribunal qu'il m'a donné pour
me juger, ou de vous qui, lui faisant faire
cause commune avec vous, prétendez armer sa
sévérité contre ma défense, parce qu'elle vous
humilie et vous désole uniquement.

Mais, parce que le roi a dit, dans un arrêt
du conseil, qu'il voulait faire sentir les effets
d'une juste sévérité à ceux qui abuseraient de
leur esprit pour déchirer la réputation des
personnes avec qui ils seraient en contestation, croyez-vous, monsieur le comte, que Sa
Majesté ait entendu, par cet arrêt, accorder
sa protection royale à ceux qui déchireraient
leurs adversaires lorsqu'ils le feraient sans esprit? Vous invoquez là de beaux titres de
protection et de faveur! et parce que vos défenses sont ennuyeuses et lourdes, vous croyez
avoir le droit de les rendre impunément atroces et calomnieuses? Et quand on vous prouve qu'elles le sont, et qu'à ce double titre on
vous livre à la risée, au mépris public, vous
vous croyez en droit d'invoquer l'autorité
royale, pour venger une telle offense et conserver vos écrits à la glace, en faisant jeter au
feu ceux de votre adversaire?

D'ailleurs, quand un tribunal supprime un

mémoire, vous conviendrez bien que, si la contestation n'est pas finie, ce tribunal, fût-ce même celui du roi, ne peut entendre par cette suppression que celle des traits trop amers ou des termes trop vifs dont un ressentiment exalté aurait chargé la défense; et qu'à notre occasion surtout, Sa Majesté, en supprimant mon *Mémoire au conseil*, n'a pas entendu priver ma cause des moyens vigoureux dont cet écrit la renforce.

Si c'était là par hasard ce que vous entendez, cette question semblerait exiger une décision plus claire de la part du conseil du roi.

Mais voyez à quoi votre prétention réduirait cet arrêt de suppression. Dans un premier arrêt qui cassa celui du sieur Goëzman, quoiqu'il fût en votre faveur, le conseil du roi supprima les injures respectives de votre mémoire et du mien. Les injures supprimées, que reste-t-il dans un mémoire? les raisons et les moyens sans doute.

Or, lorsque, pour donner plus d'authenticité a la suppression, il plaît à Sa Majesté, dans un second arrêt, de resupprimer ce qu'elle a déjà supprimé dans un premier; s'il faut convenir que son conseil est bien le maître de supprimer deux fois, dix fois, et sous des formes différentes, les termes amers avec lesquels un plaideur outré par dix ans d'injures exhala son ressentiment, on ne peut, sans insulter la majesté royale, supposer que son conseil ait entendu par un second arrêt supprimer les moyens de ce mémoire, uniquement parce qu'il en a déjà supprimé les injures dans un premier arrêt, et c'est au moins le cas où ce nouvel arrêt peut en appeler un troisième en explication du second.

Mais en attendant, la cause étant rentrée en instance à deux cents lieues de la capitale,

est-ce, à votre avis, manquer de respect au
roi, à son conseil, que de mettre sous les
yeux des nouveaux juges la totalité des défenses, tout le bon et le mauvais des raisons
qu'on a employées pour soutenir son droit?
En cas pareil, comme il n'y a rien de nul, il
ne peut y avoir d'injure : car ce qui n'est plus
pour moi dans mon écrit tournant nécessairement pour mon adversaire, employer des
défenses quoique censurées, est agir avec la
plus grande impartialité, la plus louable neu-
tralité dans sa propre affaire.

D'ailleurs, je n'ai point fait imprimer de
nouveau le mémoire censuré par le conseil :
le peu de littérature que mes écrits contien-
nent, et l'intérêt que le procès Goëzman et
consorts inspirait justement à tous les persé-
cutés de la France, ayant fait désirer à beaucoup d'honnêtes gens que quelque libraire en
rassemblât la collection, ce procès Goëzman,
enfanté par le plus horrible *genuit* du procès
la Blache, rappelant à tout moment les procédés de ce noble adversaire, et l'arrêt du
Parlement de Paris qui a cassé celui du blâme
et débrûlé les mémoires défenseurs de ma
cause, leur ayant rendu toute leur pureté, j'ai
cru pouvoir et devoir mettre au sac la collection entière de ces mémoires, telle qu'on la
trouve chez les libraires, avec des réclames de
tous les endroits qui rappellent le comte de
la Blache; presque tout est de ma cause actuelle dans cette collection. Je ne l'ai donc
pas fait faire : mais j'en ai profité, comme je
l'ai trouvée, sans y rien ajouter ni retrancher,
et j'y ai laissé le bon et le mauvais, tels que
les événements les avaient fournis à mesure;
ne voulant pas plus, en dissimulant le mal,
me donner pour meilleur que je ne suis, que
je ne veux me rendre pire en laissant ignorer
le peu de b'   q   s'y rencontre.

Si c'est là, selon vous, manquer de respect au roi, j'avoue que je concevrais une étrange idée de ce que vous entendez par le respect dû au prince : mais comme il n'y a pas encore de loi qui m'ordonne de me soumettre là-dessus à l'opinion du comte de la Blache, de maîtres tels et tels avocats et procureur à Aix, enfin de ce que j'ai nommé la légion, je prie ladite légion de trouver bon, qu'en attendant la décision du Parlement sur leur requête en conflagration et lacération au préalable, je me croie au moins aussi bon, fidèle et respectueux serviteur du roi que ces messieurs; quoique nous n'ayons pas tout à fait les mêmes idées sur la forme de ce respect, quoique je n'appelle pas comme eux toutes les puissances de l'univers au secours de ma querelle, et que je ne veuille pas émouvoir tout l'Olympe pour la guerre des rats.

J'ai prophétisé dans mon mémoire que vous nieriez tout, et pour l'honneur de ma prédiction à l'instant vous avez tout nié.

Ne pouvant tout relever, vu le peu de temps qui nous reste, dans un mémoire de cent soixante-douze pages, prenons rapidement les faits contestés les plus importants; et, réduisant la question aux termes les plus clairs, qui sont toujours les plus simples, voyons sur quoi nous tombons d'accord, en quoi nous différons : montrons lequel de nous deux reste sans preuves devant l'adversaire, et lequel calomnie l'autre en ce Parlement.

Commençons par le fameux billet du 5 avril 1770, auquel j'ai dit que vous aviez donné la torture, afin de le rendre un peu louche quand il s'agirait de le débattre au procès.

Nous convenons, vous et moi, que Me Caillard a fait un violent plaidoyer aux requêtes de l'hôtel contre le mot *Beaumarchais* emporté

par un cachet, et dont il m'attribuait la supercherie; et voici pourquoi j'affirme que nous
en convenons tous les deux : c'est que, malgré la honte publique qui était résultée pour
vous, à l'audience des requêtes de l'hôtel, de
la déclaration et de la preuve fournie par
Me de Junquière, votre avocat, absolument
sans pudeur, espérant que je n'aurais pas le
temps de répondre à son mémoire avant que
M. Dufour rapportât notre affaire, eut la ma-
ladresse d'insérer dans ce mémoire (page 40)
le même reproche sur ce cachet, mais moins
violemment exprimé cependant qu'il ne l'avait
fait à l'audience · c'est que je tiens ce mémoire, et que vous ne pouvez le nier, quoique
vous ayez fait l'impossible pour ne pas le produire.

C'est que Me Bidault, prenant la plume à
l'instant, vous releva d'importance, quoique le
ménagement qu'il croyait devoir à son confrère Caillard l'empêchât, malgré mes prières,
de l'inculper comme il le méritait sur le fait
de ce cachet apposé. Voici néanmoins ce qu'il
vous répondit pour moi, pages 59 et 60 de son
mémoire.

Car les avocats qui m'ont depuis refusé leur
service quand j'ai plaidé contre le conseiller
Goëzman, dont le grand crédit les effrayait
tous, ne me le déniant pas alors, je laissais
les gens de loi me défendre à leur mode et de
leur plume, et n'avais nulle confiance en la
mienne, à laquelle je n'avais pas encore été
forcé de me livrer.

Voici la défense de Me Bidault.

Mais ce qui révolte encore davantage, c'est l'imputation qu'il a faite au sieur de Beaumarchais sur les
dernières lettres du mot *Beaumarchais*, qui se trouve
écrit au dos et au bas d'une page de la lettre du
5 avril 1770, à laquelle le sieur Duverney a répondu
entre autres choses : *voilà notre compte signé.* Ces

dernières lettres du mot *Beaumarchais* sont aujourd'hui déchirées et enlevées par un cachet. Le comte de la Blache en conclut que le billet écrit par le sieur Duverney, qui se trouve sur la lettre du 5 avril, n'a point été une réponse à la lettre du sieur de Beaumarchais ; et pour le prouver, voici comme il raisonne : « *Le mot Beaumarchais était écrit de la main du sieur Duverney. Si la lettre du 5 avril avait précédé le billet, le mot Beaumarchais n'aurait pas pu être écrit sur ce papier de la main du sieur Duverney, lorsque le sieur de Beaumarchais a envoyé la lettre; et son cachet n'aurait pu déchirer les lettres d'un mot qui n'aurait point encore été écrit : ainsi ces lettres ne peuvent avoir été déchirées que parce que le sieur de Beaumarchais n'a cacheté sa lettre qu'après avoir reçu le billet du sieur Duverney. Ce billet a donc précédé la lettre du sieur de Beaumarchais; donc cette lettre n'a été écrite qu'après coup. Et ce fait, prouvé pour l'une, doit être présumé le même par rapport aux autres.*

Telle est l'objection que nous n'avons pas craint de rapporter dans toute sa force.

Voici la réponse. Cette preuve pose uniquement sur ce fait : *le mot de Beaumarchais est écrit de la main du sieur Duverney.* Mais le fait est faux. C'est Me de Junquière qui a écrit le mot *Beaumarchais* en janvier 1772 pour coter la pièce de son client, ainsi qu'il est d'usage. Me de Junquière l'a attesté à l'audience ; il l'a certifié à M. le rapporteur, en présence duquel il a écrit couramment trois ou quatre fois le mot *Beaumarchais,* qui a été reconnu de la même main que le mot déchiré. Que devient après cela la fable du comte de la Blache ? Que deviennent ses soupçons et ses conséquences? Le sieur de Beaumarchais, moins tranchant que lui, ne se permet d'accuser personne, on doit lui savoir gré de sa modération. Mais ce qu'il y a de certain, c'est que le mot *Beaumarchais,* écrit en 1772 par Me de Junquière, n'a pu être couvert et déchiré par un cachet qui aurait été apposé en 1770 par le sieur de Beaumarchais. On laisse à la cour à décider sur qui doit tomber le reproche de supercherie.

Nous convenons vous et moi que ce reproche était à bout portant. Or, qu'avez-vous répondu sur tout cela, monsieur le comte? Rien,

absolument rien. L'objet était pourtant des
plus graves ! Direz-vous que le jugement des
requêtes de l'hôtel arriva si vite après ma réponse, qu'il n'y eut pas moyen d'y faire alors
une réplique ? Volontiers pour le moment, et
lorsque vous avez raison, c'est avec le plus
grand plaisir que je l'avoue. Il n'en est pas
ainsi de vous à mon égard, et c'est ce qui
nous distingue. Vous n'eûtes donc pas le
temps alors : cependant vous eûtes bien celui
de me faire, à Versailles et à Paris, le tour
abominable que j'ai indiqué dans ma *Réponse
ingénue*, et dont le détail se trouve dans mon
troisième mémoire Goëzman.

Ah! si j'avais du temps! ou si je trouvais
un imprimeur bien actif ! quel charme pour
moi de réimprimer, à la suite de cette réponse, les treize pages du troisième mémoire
Goëzman sur l'attestation de probité des princesses. Alors on verrait quel front d'acier il
faut à mon adversaire pour oser retoucher
(page 2 de son mémoire) à cette horrible aven-
ture qui l'a tant déshonoré à Paris, quand
j'eus enfin le pouvoir de l'écrire ! Si je ne puis
la transcrire ici, je supplie au moins mes lecteurs de se procurer ce troisième mémoire
Goëzman, et de commencer à lire à ces mots :
« Changeons de style. Depuis que j'écris, la
main me tremble toutes les fois, etc. » Ils connaîtront mon ennemi.

Au lieu donc de passer le temps alors à me
faire cette abomination sur l'attestation de
probité que les princesses m'avaient donnée,
que ne l'employiez-vous à me reprocher l'infamie de mon mémoire Bidault sur le cachet
apposé dont je vous accusais? Si vous aviez
prouvé que le méchant, que le calomniateur
entre nous deux était moi, j'étais perdu et
vous gagniez votre procès. Le contraire arriva, parce que votre intrigue sur l'attestation

des princesses, et votre silence sur mon reproche du cachet, vous démasquèrent absolument; et c'est ma première preuve contre
vous.

Après le jugement des requêtes de l'hôtel,
nous passâmes par appel à la commission, où
vous traînâtes, comme je l'ai dit, les plaidoyers et les écritures pendant un an; mais à
la fin cependant, Caillard replaida, Caillard
récrivit, Caillard réinvectiva, Caillard tradui-
sit, dans le nouveau mémoire qu'il fit pour la
cause d'appel, exactement les phrases et les
mots de son mémoire aux requêtes de l'hôtel
sur ce même billet du 5 avril; mais Caillard,
ayant été relancé par M° Bidault sur le cachet
apposé, s'arrêta court au milieu des reproches
qu'il copiait mot à mot sur ce billet dans son
ancien mémoire; et le vif, l'important reproche du mot *Beaumarchais*, écrit par M. Duverney, et couvert par moi d'une cire à cacheter
frauduleuse, resta net au bout de la plume
de Caillard.

Etait-ce un oubli? fut-ce une confusion? A
votre manière de me plaider, le premier n'est
pas vraisemblable. Donc, Caillard, touché des
ménagements que son confrère avait gardés
pour lui sur cette espièglerie avérée, à laquelle il avait pu donner lieu, du moins par
sa confiance en vous, n'osa pas le provoquer
de nouveau à la lui reprocher plus vertement;
et c'est ma seconde preuve contre vous; car
les deux mémoires de Caillard sont enfin au
procès, et j'ai fait remarquer aux magistrats
dans l'instruction la réticence et le prudent silence de Caillard, qui s'arrêta court à l'histo-
rique du cachet en copiant la page de son
premier mémoire, dans lequel ce reproche
était si tranchant.

Mais, en vous accordant que, cette fois encore, le silence de Caillard fut un oubli, nous

convenons vous et moi qu'un second mémoire, écrit par Mᵉ Falconnet, mon avocat, releva de nouveau la fourberie du cachet appliqué, plus amèrement que Mᵉ Bidault ne l'avait fait. Voici ce qu'il vous en dit (page 20 et 21 de son précis à la commission) :

Il y a néanmoins en quelque chose de plus sérieux dans cette dernière partie de ma cause. J'avais confié toutes ces lettres avec leurs réponses à la partie adverse. Dans une de ces lettres, le sieur Duverney me marque : *Voilà notre compte signé.* Je ne doute pas que cette dernière phrase ne fît la plus grande peine au sieur légataire : aussi a-t-on fait subir toutes sortes d'épreuves au malheureux billet, jusqu'à celle du feu, dont il porte encore les marques. Mᵉ de Junquière, mon procureur, pour coter cette pièce, avait écrit mon nom dessus : on a imaginé de dire que ce nom était de la main du sieur Duverney; heureusement Mᵉ de Junquière a levé facilement tous les doutes qu'on pouvait avoir sur ce sujet dans le premier tribunal, en écrivant, sous les yeux de M. le rapporteur, plusieurs fois mon nom du même caractère (1). Mais il n'en est pas moins vrai que cette petite infidélité, de quelque part qu'elle vienne, est peu délicate, d'autant plus qu'elle est gratuite : car que ce soit en réponse ou autrement que le sieur Duverney ait écrit *voilà notre compte signé.* il l'a écrit, et cela est suffisant. Si le sieur comte de la Blache, qui m'a tant maltraité sans en avoir le moindre sujet, pouvait me faire un semblable reproche, que ne me dirait-il pas, et que n'aurait-il pas raison de me dire? Je veux lui donner l'exemple de la modération, tout outragé que je suis.

Qu'avez-vous répondu à ce reproche amer de Mᵉ Falconnet, qui de nouveau constatait e fait et la confusion que vous aviez reçue aux requêtes de l'hôtel? Nous convenons vous et moi que vous n'avez rien répondu; rien, mon-

(1) Comment le sieur comte de la Blache peut-il jeter des soupçons sur la signature du sieur Duverney, *lui qui la voit où elle n'est pas, et qui la révoque en doute où elle est?* Voyez le grand mémoire.)

sieur le comte, absolument rien ; car il ne faut
plus biaiser ici. Le temps ne vous manqua
cependant pas alors : entre mon mémoire *Falconnet* et le rapport de votre ami Goëzman il
se passa dix jours, et dix mortels jours ! A la
vérité vous aviez autre chose à faire alors,
car la porte de M. Goëzman vous était ou-
verte, pendant qu'elle m'était fermée, et vous
couriez au plus solide, au plus pressé. Nous
convenons encore de cela vous et moi, et c'est
ma troisième preuve.

Quand nous avons plaidé depuis par écrit
au conseil, et que vous avez accablé ce pauvre
billet du 5 avril de tous vos reproches amers
sous la plume de Me *Mariette*, pourquoi donc
avez-vous absolument laissé de côté celui du
cachet apposé sur mon nom? Pourquoi ne
m'avez-vous pas au moins reproché alors la
mauvaise foi de mes imputations à cet égard,
dans mes deux mémoires *Bidault* et *Falconnet*?
Etait-ce une circonstance à négliger? Si vous
ne vouliez plus user de l'immense avantage
que vous donnait sur moi la friponnerie du
cachet bien prouvée, ne deviez-vous pas au
moins tonner et montrer quel homme j'étais,
d'avoir eu l'effronterie de vous en inculper
dans mes deux mémoires? En prouvant que
je vous avais calomnié, monsieur le comte,
vous m'écrasiez sous les décombres d'un terrible édifice. Mais vous vous en êtes bien
gardé; vous n'en avez rien dit, absolument
rien. Ce ne fut pas non plus par ménagement;
jamais vous n'en avez gardé pour moi : mais
ce fut par le sentiment intime de votre honte,
et la crainte de me voir traiter alors ce fait
en réponse avec le détail ignominieux que je
viens de lui donner dans mon dernier mémoire, et c'est ma quatrième preuve.

Vous avez depuis fait faire une consultation
de cinquante-huit pages pour ce Parlement-ci

dans laquelle vous avez repris, avec bien du soin, tous les anciens reproches de Caillard ; celui du cachet apposé fournissait la plus terrible présomption contre moi. Pourquoi donc, lorsque vous y employez deux pages à dénigrer le billet du 5 avril, avez-vous omis le reproche si tranchant du cachet tel qu'on le lit dans le premier mémoire de Caillard aux requêtes de l'hôtel? Pourquoi n'y avez-vous pas enfin repoussé sur moi la double honte que je vous en avais imprimée à cet égard dans les mémoires *Bidault* et *Falconnet?* car nous convenons encore vous et moi que dans six mille exemplaires de votre consultation, répandus en Provence, il n'y a pas un seul mot de ce cachet apposé. Était-ce encore oubli ou un ménagement de votre part? ni l'un ni l'autre, monsieur le comte; mais la crainte de réveiller un terrible chat, qui pouvait égratigner jusqu'au sang au premier allongement de sa patte en sortant du sommeil où vous le berciez si doucement par votre silence; et c'est ma cinquième preuve.

Mais pourquoi donc vous êtes-vous assez rassuré aujourd'hui pour en oser parler, quoiqu'en tortillant, en tergiversant, en avouant enfin, puisqu'il faut tout dire, que le mot *Beaumarchais* n'est plus de la main de M. Duverney? Bien est-il vrai que le Caillard d'aujourd'hui s'enveloppe et glisse autant qu'il peut sur cet aveu.

Si ce billet (dit-il, page 41 de la consultation des six). si ce billet, qui n'a point d'adresse, porte au bas le nom du sieur de Beaumarchais *écrit par une autre main que celle du sieur Duverney;* si le procureur, cotant une pièce du nom de sa partie, n'aurait pu l'écrire en partie sous le cachet qui aurait antérieurement fermé le billet, etc.

En honneur, je n'ai pas le courage d'en transcrire davantage. Il faut rapprocher cette réponse et cet aveu de mon attaque vigou-

reuse (*Réponse ingénue*), pour bien juger de
votre plaisant embarras, monsieur le comte!

Je reprends ma question. Pourquoi avez-
vous enfin osé en parler aujourd'hui? C'est
premièrement parce que n'en rien dire dans
votre réponse, après une attaque aussi vive
que ma dernière, serait passer trop lourde-
ment condamnation sur la chose; et qu'en
pareil cas votre avocat sait bien qu'il vaut
mieux dire une sottise que de rester court.

Secondement, parce que M° Bidault et
M° Caillard étant morts tous deux (car depuis
que nous plaidons, nous avons déjà usé trois
générations d'avocats), vous avez espéré que
ma preuve resterait assez incomplète pour
que votre négation prît encore une ombre
de faveur parmi vos bienveillants.

Mais je laisse à juger si le comte de la Blache qui fait ressource de tout, qui querelle à
tort à travers, sans honte ni pudeur, qui
s'accroche aux virgules, aux jambages, aux
cachets, aux plis du papier, eût gardé ce honteux silence aussi longtemps, et sur un point
de cette importance, après en avoir fait un si
grand bruit aux requêtes de l'hôtel, si la petite leçon amicale que je lui donnai là-dessus
dans le temps ne lui était restée assez avant
dans le cœur, pour redouter d'en recevoir une
seconde s'il osait remettre encore la question
sur le tapis; et c'est ma sixième preuve.

Mais il ne faut laisser aucun faux-fuyant à
ce méchant adversaire; il faut le poursuivre
sur ce mot *Beaumarchais* et ce cachet jusqu'à
suffocation parfaite.

Voyez, lecteur, avec quelle assurance il fait
dire à son avocat (page 42):

Le silence du sieur de Beaumarchais, *celui de son
défenseur* depuis 1772, époque de la communication
jusqu'à ce jour, enlèvent donc au premier l'avantage

qu'il s'était promis d'une allégation plus *téméraire* encore que *tardive*.

Vous venez de voir, lecteur, comme elle est téméraire mon allégation! et les mémoires de *Falconnet* et *Bidault* viennent de vous montrer comme elle est tardive!

Eh bien! faites-moi l'amitié de joindre à ce reproche de *silence jusqu'à ce jour* que me fait l'avocat du comte de la Blache; faites-moi l'amitié, dis-je, de retourner en arrière (page 43) du mémoire fait par ou pour le comte de la Blache, au bas de la note, et d'y lire ces mots....

Croira-t-on... (ce verbe gouverne toute la note) croira-t-on qu'à ce tribunal (les requêtes de l'hôtel), ainsi qu'à la commission et au conseil, il n'a jamais osé *en rien dire nulle part, ni s'en plaindre?*

A mon tour, je dis à mon lecteur : croira-t-on, quand on a lu mes citations des mémoires *Bidault* aux requêtes de l'hôtel, et *Falconnet* à la commission, que j'ai rappelés exprès dans ma Réponse ingénue, qu'il y ait une effronterie semblable à celle de ce plaideur, qui se joue même des avocats qui le défendent, en leur faisant croire que je n'ai jamais parlé de ce cachet apposé, ni reproché rien à cet égard, quoiqu'il soit prouvé que je n'ai cessé de le faire, sans jamais obtenir un seul mot de réponse? Croira-t-on qu'il expose ses conseils à écrire de pareilles bêtises? le croira-t-on? telle est ma septième preuve.

Apprenez encore, lecteur, qu'il n'est pas vrai qu'il y ait une surcharge d'écriture sur ce billet qui puisse empêcher aujourd'hui l'inscription en faux, si l'on osait la prendre comme le dit la légion (page 43), et que ce billet n'a été déshonoré, comme je vous l'ai appris, que par une roussissure générale à l'endroit de l'écriture, qui prouve qu'on l'a mis

au 'feu pour lui faire subir je ne sais quelle
épreuve; et parce qu'on a posé quelques petits pâtés d'encre sur les premiers mots du
billet, pour lui donner au moins un air louche
à la première inspection; ce qui ne fait rien
du tout au corps de l'écriture, ainsi que je l'ai
fait expressément remarquer aux magistrats
dans le cours de l'instruction; et c'est ma huitième preuve.

Mais comme je me plais à cette question
parce qu'une fois bien nettoyée elle vous peint
à miracle, monsieur le comte, vous, vos
moyens, vos défenses et vos défenseurs; que
d'ailleurs ce fait du mot et du cachet est de la
plus grande importance; et ne fût-ce que parce
que je viens d'avoir le plaisir de vous *empié-
ger* dans le plus terrible traquenard, je ne
puis quitter ce cachet apposé sur un mot, qui
d'abord était de l'écriture de M. Duverney, et
qui n'en est plus aujourd'hui : je ne puis, dis-
je, le quitter tant qu'il vous restera le plus
léger espoir d'entretenir un doute à son égard
dans l'esprit de vos auditeurs bénévoles. Donc,
pour le couler à fond, en vous ménageant une
dernière ressource, je vais vous proposer un
petit argument à l'anglaise, qui n'en aura
pas moins de force, quoiqu'il n'ait pas tout le
clinquant de votre logique française : écou-
tez-moi bien :

J'ai déposé chez Me Pierre Boyer, notaire de
cette ville, l'obligation suivante, à laquelle je
vous invite de joindre la vôtre, en changeant
seulement les noms et les circonstances nécessaires. .

Je soussigné, m'oblige et m'engage à payer à M. le
comte de la Blache la somme de cinquante mille
francs si, dans l'espace de deux mois, je ne prouve pas
par le témoignage écrit de Me de Junquière, procureur
au Parlement de Paris, et par l'attestation que je sup-
plieral M. Dufour, maître des requêtes, notre com-

mun rapporteur aux requêtes de l'hôtel, de donner,
qu'après le plaidoyer et le mémoire de M⁰ Caillard sur
ma prétendue friponnerie du cachet appliqué sur le
mot *Beaumarchais*, et la déclaration de M⁰ de Junquière à l'audience, M⁰ Dufour se convainquit de nouveau en faisant écrire à M⁰ de Junquière mon nom
plusieurs fois couramment, que le mot *Beaumarchais* qu'on lit sur la lettre du 5 avril avait été écrit
par ledit M⁰ de Junquière en 1772, ainsi qu'il est dit
dans mon mémoire, et non par M. Duverney, bien
longtemps avant, comme le prétendait M⁰ Caillard.
Attestation du procureur et témoignage du magistrat,
qui prouveront que le mot a été couvert d'un cachet
par la supercherie de mes ennemis : et je me soumets, dans le cas de la non-preuve offerte, audit
payement ci-dessus énoncé, dont la somme est déposée à cet effet chez MM. Péchier et Bouillon, à Marseille, au profit du comte de la Blache, à la seule
condition que le comte de la Blache s'engagera, par
une semblable obligation et un semblable dépôt, au
payement de pareille somme au profit des pauvres de
cette ville, aussitôt que j'aurai fourni ladite attestation et ledit témoignage, les seuls qui restent à donner aujourd'hui de cette falsification de mon titre.

Fait à Aix, le 19 juillet 1778.

Signé : CARON DE BEAUMARCHAIS.

Voilà, monsieur le comte, ce que j'avais à
vous dire sur votre dénégration actuelle. C'est
à vous à montrer si j'ai bien ou mal raisonné
sur ce fait, si ma preuve est louche ou complète, et si ma proposition est bonne à prendre ou à laisser. Je vous attends.

Donc il ne faut pas tant se récrier sur la
méchanceté de ce pauvre mémoire, que vous
voudriez qu'on réduisît en cendre. Mais ce
n'est pas cela que vous vouliez dire; car si
vous faites ici la montre d'un grand ressentiment, pour la satisfaction duquel vous de-
mandez un holocauste, avouez que de cet ouvrage, dont vous désirez qu'on détruise au
moins un exemplaire aujourd'hui, vous eussiez
donné bien des choses pour qu'on empêchât

tous les autres de paraître, s'il y eût eu la
moindre apparence d'y réussir. Voilà ce que
vous vouliez dire. Mais ils existent, ces exemplaires, et ils existeront comme un monument
de honte à jamais imprimé sur vous; et c'est
encore ce que je vous prédis.

Ce mémoire est insolent, répètent en chorus
les six avocats du légataire universel. L'auteur, au lieu de se défendre, y dit des sottises au comte de la Blache. Eh! non, messieurs, ce n'est pas là le mot. L'auteur, pour
se défendre, y dit LES SOTTISES du comte
de la Blache; et c'est bien différent.

Le comte de la Blache a fait le mal, et je dis
le mal que le comte de la Blache a fait. Au
lieu de me calomnier vous-mêmes, prouvez
que j'ai calomnié le comte de la Blache, et
c'est alors que vous aurez rempli noblement
votre tâche, et que mon mémoire sera digne
du supplice auquel vous voulez qu'on le destine.

J'ai pris, comme un rat, votre homme en un
filet dont il cherche à ronger les mailles. De-
vez-vous aider, messieurs, de toutes les facul-
tés de la langue et des dents, à ses efforts, à
ce misérable rongement de maillons? Et le
métier d'un noble avocat est-il de descendre
de son cabinet au cours, et d'y faire d'un défenseur public un insolent privilégié? Heureusement je suis là; je vous vois ronger, et
je tiens l'aiguille et le fil pour recoudre à mesure tout ce qu'on s'efforce d'altérer à mon
filet.

Si c'est à titre de calomnie que vous de-
mandez la conflagration et lacération de mon
mémoire, il vous faudrait au moins la prouver, cette calomnie? Que si vous n'y parvenez
pas, il s'ensuivra qu'en m'appelant calomniateur, ce sera vous-mêmes encore qui m'aurez
calomnié. Alors, Messieurs, s'il fallait brûler

le corps matériel du délit, que deviendraient la langue et les écrits des adversaires? etc. Il y a comme cela mille choses dont il ne faut pas trop presser les conséquences, et vous devez me savoir gré de ne pas pousser celle-ci plus loin.

Il est certain qu'entre mon adversaire et moi il y a un calomniateur à punir; et de ma part je consens à l'opprobre, à la peine encourue, si je me suis écarté de la vérité dans un seul point de mes défenses, et si j'ai même cherché ces défenses dans des points de la conduite de mon adversaire étrangers à la question que j'ai traitée. Mais la preuve de la calomnie une fois bien faite, ou par l'un ou par l'autre, je demande avec instance que celui qui restera sous cette preuve y laisse aussi sa vie; non pas, s'il faut me pendre, qu'on en doive faire autant, dans le même cas, au comte de la Blache : il est noble, dit-il, et ce n'est pas là son genre de mort. Mais, comme dit fort bien le pauvre *Bernadille*, lorsqu'il faut payer de sa personne, il importe si peu d'être allongé ou raccourci, que cela ne vaut pas la peine d'en parler.

Venons maintenant à la dénégation que vous faites d'avoir jamais connu les lettres familières avant le procès entamé. Je n'ai pas le temps de faire des phrases. On nous juge après-demain. Pressons-nous donc de prendre les armes : Annibal est aux portes de Rome : avançons. Et suivant toujours ma méthode usitée, voyons de quoi nous convenons vous et moi sur cet autre fait important; le reste après est peu de chose.

Nous convenons vous et moi que les lettres existaient avant le procès et lors de la mort de M. Duverney, puisque la seule proposition que vous puissiez accepter, selon votre lettre du 31 octobre 1770, était celle que je vous avais faite quelque temps avant, de remettre chez mon notaire « mon titre et lettres à l'appui en originaux, pour que vous puissiez les examiner et en prendre connaissance. »

Nous convenons encore vous et moi que, dans ma lettre du 30 octobre 1770, à laquelle vous répondiez par celle du 31, je vous avais mandé : « Je me suis pressé de renvoyer à mon notaire *mes papiers qu'il m'avait rendus.* » Or, ces mots : *mes papiers*, ne pouvant se rapporter à l'acte seul du 1er avril, qui est une pièce unique, *mes papiers* voulaient donc dire « mon titre et les lettres à l'appui, en originaux. »

Dans ma lettre du 6 novembre, après vous avoir parlé de mon titre de créance remis chez M⁰ Mommet, notaire, je vous dis, dans une phrase que je n'ai pas imprimée, quoique je vous l'aie communiquée, et que la minute entière soit au procès, je vous dis ces mots : « *Soit que vous y ayez été ou non, je* LES *retirerai* (ce que je ne fis pourtant pas). » Or, *les retirer* n'est pas retirer la pièce unique qui est mon titre, mais retirer *le titre et les lettres à l'appui!* LES *retirer!* Voilà ce dont nous convenons encore vous et moi : car nous ne pouvons pas faire autrement, les pièces étant sur le bureau pour nous démentir, si nous tergiversions.

Nous sommes d'accord aussi vous et moi que le 23 septembre 1771, vous n'étiez nullement inquiet, comme le dit votre soussigné d'écrivain dans la consultation de Paris, que j'ai réfutée, et que vous ne commençâtes pas à cette époque à vouloir tirer des lumières de moi, que vous aviez déjà, puisque vos lettres et vos visites à M⁰ Mommet en 1770 prouvent que vous saviez, dès ce temps-là, tout ce qu'on prétend que vous vouliez apprendre à la fin de 1771.

Maintenant que déniez-vous donc, monsieur le comte, car il faut s'entendre, et puisque je dois toujours être le correcteur des idées de vos avocats, il nous faut donc à mesure poser des bases certaines pour nettoyer tout ce qu'ils disent; sans cela nous ne finirons point. Entendez-vous dénier d'être allé, dans le mois de novembre 1770, chez M° Mommet, examiner *l'acte et les lettres*? Entendez-vous dénier d'y avoir mené M. Dupont, M. Ducoin et plusieurs autres personnes? Entendez-vous dénier que les lettres fussent déposées avec l'acte; que ces lettres, que j'avais offert depuis longtemps de soumettre à votre examen en *originaux*, soient restées en arrière, lorsque j'ai remis l'acte et les pièces à l'appui chez le notaire?

Mais, premièrement, si j'avais fait cette grosse et malhonnête lourderie, quels cris n'eussiez-vous pas alors jetés sur ma mauvaise foi d'annoncer des éclaircissements, des titres, et de les soustraire ensuite?

2° Ce n'est pas là ma marche, on le sait, et vous n'en avez formé aucune plainte; au contraire, c'est d'après ces premières communications à l'amiable que vous avez exigé qu'elles fussent jointes au procès; ce que j'ai fait; et cette preuve-là n'est déjà pas mauvaise.

3° Dans le mémoire du sage *Bidault* pour le vexé *Beaumarchais* aux requêtes de l'hôtel, cet avocat a imprimé nettement (page 11) ce qui suit :

Le sieur Duverney est décédé sur la fin du mois de juillet 1770. Au mois d'août suivant, le sieur de Beaumarchais écrivit au comte de la Blache, et lui fit part des droits qu'il avait à répéter sur la succession.

Le comte de la Blache lui répondit qu'il n'était nullement instruit des affaires qui étaient entre lui et le sieur Duverney.

Pour lui donner les instructions nécessaires, le sieur de Beaumarchais remit à M° Mommet, son notaire, l'original de l'arrêté de compte et plusieurs lettres qui y sont relatives, et il invita le comte de la Blache à voir ces pièces.

Le comte de la Blache et ses gens d'affaires se sont transportés chez Mᵉ Mommet ; ils y ont vu plusieurs fois le traité du 1ᵉʳ avril 1770 et les lettres.

Le sieur de Beaumarchais a fait plus ; il a engagé Mᵉ Mommet de porter ces mêmes pièces au conseil du comte de la Blache, assemblé chez Mᵉ Doutremont, et de proposer de s'en rapporter à la décision de son conseil sur les difficultés, si l'on pouvait en élever de raisonnables.

Le comte de la Blache ne lui a fait faire que des réponses vagues.

Qu'avez-vous répondu à cette déclaration de mon avocat, qui vous inculpait d'avance, en disant, sans biaiser, que vous aviez vu l'acte et les lettres avant le procès ? Rien, absolument rien, véridique plaideur ! Rien, dans aucun endroit, encore un coup, rien ! Et cette autre preuve ne marche pas mal encore.

4° Lorsque dans mon mémoire au conseil j'ai imprimé ces mots si énergiques :

Alors je prouverai que je l'ai poliment invité de venir examiner à l'amiable mes titres chez mon notaire, qu'il y a plusieurs fois amené les amis et les commis de M. Duverney, que tous ont reconnu l'écriture du testateur *dans l'acte et dans toutes les lettres*, et que tous l'ont voulu dissuader de soutenir un aussi mauvais procès, etc.

Qu'avez-vous répondu à cette nouvelle déclaration, qui, dans votre plan d'aujourd'hui, vous accusait encore d'avoir examiné en 1770 ces lettres que vous soutenez fabriquées en 1772 pour me tirer des objections de Caillard ? Si chacune de ces preuves est d'un faible poids dans l'affaire, il faut avouer qu'à la romaine où je vous pèse, ces poids légers placés au bout de longs leviers tiennent lieu d'un poids énorme dans des balances ordinaires. Qu'avez-vous donc répondu à une inculpation aussi griève? Rien, absolument rien, toujours rien.

Dans le système de tenir mes provocations et mes réponses pour non avenues, vous glissez aujourd'hui dans votre nouveau mémoire (page 21 de la consultation des six) en réponse au plus grave de mes reproches, qui est de m'accuser publiquement d'avoir fabriqué en 1772 ces lettres que vous aviez vues en 1770 ; vous glissez, dis-je, un paragraphe qui vous peint encore à merveille et vous et vos défenseurs.

Une autre astuce du sieur de Beaumarchais est de prétendre que le comte de la Blache avait vu avant le procès des lettres produites à l'appui de l'écrit ; *quand cela serait*, il en résulterait uniquement qu'il avait préparé le commentaire et l'explication de son écrit avant même qu'il fût attaqué.

Soit, monsieur le comte ; et j'aime beaucoup *quand cela serait :* mais si je l'avais préparé, au moins vous l'aviez vu, ce commentaire, qui dans son vrai nom n'est autre chose que *ces lettres à l'appui*. A peine osez-vous les nommer, ces lettres, en ayant l'air d'y répondre ! Et quoique le mot *quand cela serait* ne soit pas un aveu parfait, tout ce qui n'est pas une dénégation absolue de votre part remplit si parfaitement cet objet, qu'on ne peut s'y méprendre; et quand vous nieriez tout, dans la plus forte acception de ce mot, on sait, et nous savons vous et moi que c'est votre seule façon d'acquiescer. C'est le *non* des belles, qui veut souvent dire *oui :* il n'y a que manière de l'entendre.

Mais comme il ne s'agit pas ici de savoir si ce commentaire était fait alors pour expliquer un acte qu'on devait attaquer, ni si les lettres avaient été écrites avec leur vraie date, mais seulement de vous prouver que vous avez voulu m'accuser dans votre consultation de Paris, répandue en Provence, de l'horreur d'avoir fabriqué en 1772 ces lettres que vous aviez lues en 1770; je réponds à *quand cela serait* que, si cela était, celui qui aurait fait une telle accusation aurait accompli la plus déshonorante infamie, et qu'il ne l'aurait accomplie que parce qu'il n'aurait pas alors prévu que j'eusse conservé ses lettres et les miennes. Or, cet homme affreux, ce calomniateur, encore plus avéré, même après votre réponse, qu'il ne l'était avant, c'est vous, monsieur *Falcoz! tu es ille vir.*

Voyez, lecteur, le *Caillard* du barreau d'Aix s'entortiller dans son déni (page 22 de la consultation des six). *Le sieur de Beaumarchais ne voulait plus les donner, ces éclaircissements,* dit-il.

Non, avocat rusé! ce n'est pas moi qui les refusais, mais qui me plaignais qu'on les refusât de moi; et ces éclaircissements qu'on refusait de moi sont les éclaircissements verbaux, et non ceux par écrit; on ne voulait pas me rencontrer chez le notaire en personne, afin de se donner carrière à l'aise en mon absence sur l'acte et sur les lettres qu'on m'invitait d'y déposer.

Voyez encore, lecteur, comment cet écrivain jésuitique s'arrange avec sa conscience, en escobardant à plaisir.

De là il n'est point vrai, dit-il (page 22 à la suite), qu'avant le procès *il ait montré* au comte de la Blache les lettres à l'appui dont il avait d'abord parlé.

Certainement je ne les lui ai point *montrées,* car je n'y étais pas. Mais cela n'a pas empêché qu'il ne les y ait vues, lui et ses amis, en mon absence. C'est par de semblables échappatoires que cet avocat entend trahir la vérité, sans être taxé de mensonge! c'est ainsi qu'il aide à ronger les maillons du filet dans lequel j'enferme son client, et c'est ainsi qu'il voudrait nous prouver, dans cette consultation des six, qu'*une chose peut n'être pas vraie, sans pourtant être fausse*, et tout le galimatias que cela entraîne. Quel triste métier que celui d'avocat, quand on en abuse à son escient! C'est à faire grand'pitié.

Mais pour qu'il ne vous reste pas plus d'espoir sur le fait de ces lettres, monsieur le comte, que sur celui du cachet apposé, lesquels faits sont aussi graves l'un que l'autre, parce qu'ils sont l'un et l'autre les actes les plus lâches dont un plaideur de mauvaise foi puisse étayer de mauvaises défenses, je vous condamne à déposer encore, contre ma soumission et mon dépôt de cinquante autres mille livres, une pareille somme, que vous retirerez avec la mienne, si je ne vous couvre pas de la confusion que vous méritez, sur le tergiversement de cet aveu, sous deux mois révolus, par l'attestation du notaire, qui vous montra, le 6 novembre 1770, l'acte et les lettres à l'appui EN ORIGINAUX (lesquels mots, *en originaux*, vous avez tremblé de transcrire, et n'avez pas transcrits dans l'énoncé que vous faites au mémoire, de votre propre lettre déposée au procès); et si je n'appuie pas l'attestation du notaire par celle des personnes mêmes qui les y ont vues avec vous. Osez déposer, insidieux adversaire, osez déposer! Osez seulement en faire votre soumission ici : car c'est votre honte que je veux consommer, beaucoup plus que je ne veux épuiser votre bourse : osez donc mettre votre soumission chez le notaire auprès de la mienne; et toujours avec la condition que mes cinquante mille livres vous appartiendront, si je manque à ma preuve offerte, et que les vôtres seront pour les pauvres de cette ville, si je vous force, par ma preuve, à les abandonner !

Voilà ce que j'avais à dire aussi sur ces lettres *que vous n'aviez pas vues;* mais sur lesquelles pourtant vous aviez toujours gardé le silence, malgré les provocations redoublées de mon avocat et les miennes, jusqu'à ce qu'enfin pris, acculé, bien enlacé par ma réponse ingénue sur cet article si déshonorant, vous nous offrez pour toute réponse : *Et quand cela serait.*

En vain soutenez-vous encore par la plume de votre avocat (page 22 de la consultation) « que j'ai dit avoir aussi *communiqué* les lettres dont j'ai fait donner copie le 26 juin dernier; s'il l'avait fait, ajoutez-vous, on les aurait discutées, *ou on en aurait pris, comme des autres, des copies figurées.* » Communiquer, ô avocat! c'est mettre au sac. J'ai soutenu seulement que le comte de la Blache les avait toutes vues chez mon notaire en 1770 : car mon argument n'est fort et déchirant que parce qu'il prouve qu'il les avait vues avant le procès, et non qu'elles avaient été communiquées pendant le procès.

Mais pendant que je réponds, en feuilletant le mémoire pour ou par le comte de la Blache, je trouve (page 5, au bas), son désaveu formel, d'avoir jamais vu chez le sieur Mommet, notaire, *autre chose que le prétendu titre.* Tant mieux qu'il ait plus osé par sa plume que par celle de l'écrivain des six; cela ne change rien à tout ce que j'ai dit, et ne m'en donne que plus de joie sur la soumission d'argent à laquelle je le condamne.

Mais pendant que je réponds encore, arrive quelqu'un chez moi, qui prétend que ces lettres, *dont on convient avoir pris des copies figurées,* et qu'on montre à tout le monde, sont revêtues de l'attestation de M⁰ Caillard, avocat, disant « qu'elles sont parfaitement conformes aux originaux, pour les avoir fait

copier lui-même lorsqu'il les a eues en sa
puissance.

Je ne puis m'assurer de ce fait, mais je
supplie les magistrats de vouloir bien le vé-
rifier. Ce serait une preuve de plus que
M° Caillard a bien eu, comme je l'ai dit, le
titre et les lettres cinq jours en sa possession;
et j'en suis sûr, car ce fut moi-même qui les
lui portai.

Sachez donc, ennemi de mon repos et de
mon honneur, qu'il n'y a plus de ménagement
entre nous deux; que je n'y admets plus d'autre distance que celle qui se trouve entre un
calomniateur et un calomnié; que la première
de ces qualifications sera le nom, l'opprobre
et la tache ineffaçable de celui de nous deux
qui a les torts odieux que je ne cesse de vous
reprocher. Voilà ma déclaration.

Je n'ai pas le temps de répondre à tous les
raisonnements de votre dernière consultation,
autrement qu'en assurant mes lecteurs qu'il
n'y a pas une seule phrase dans cet écrit qui
n'ait été pulvérisée dix fois d'avance, dans
tous mes mémoires passés, et surtout dans
mon mémoire au conseil : je voudrais pour
cent louis qu'il fût dans les mains de ceux qui
vous lisent aujourd'hui : ma plus forte et ma
plus désirable vengeance est le profond mépris qu'ils en concevraient pour votre insigne
mauvaise foi. Passons.

J'ai fait observer aux magistrats, dans les
instructions de ce procès, que vous leur en aviez
imposé sur le matériel d'une lettre que vous
présentez dans une note (page 53 de la consultation des six), comme ayant deux cachets
l'un sur l'autre, impossibles à concilier; dites-
vous, à cause de leur emplacement! et ma
preuve, tirée à l'instant de l'original même de
cette lettre, est peut-être le plus fort argument que j'aie pu employer devant eux, contre

votre affreuse manière de m'attaquer sur tout.

Je leur ai fait observer aussi, dans ces instructions, que la lettre aux prétendus trois cachets citée par vous (page 56) n'a que les deux qu'elle doit essentiellement porter, puisqu'elle a été écrite, envoyée, répondue et rentrée, et ce second trait renforce le premier.

J'ai aussi constaté, par une nouvelle production au procès, tout l'intérêt que M. Duverney prenait à moi, et sa véritable opinion sur l'homme que vous voulez déshonorer : opinion consignée dans sa lettre à M. le contrôleur général sur la charge dont je sollicitais l'agrément. Comme en citant cette lettre (p. 46 de la consultation) vous vous êtes bien gardé d'imprimer un seul mot de ce qu'elle contient, je vais la transcrire en entier, afin que son interception dans votre mémoire ne nuise pas au bien que son contenu fait à ma cause.

M. Duverney au contrôleur général.

MONSIEUR,

Je croirais manquer de respect à la famille royale si j'ajoutais la recommandation d'un particulier à celle qu'elle a donnée à M. de Beaumarchais auprès de vous. Mais il exige seulement de mon amitié que je mette au jour l'opinion que j'ai de lui. Quand je n'aurais pas de preuves verbales et par écrit du cas que Mesdames en font, je ne pourrais lui refuser les bons témoignages que tout le monde doit se plaire à lui rendre. Depuis que je le connais, ET QU'IL EST DE MA PETITE SOCIÉTÉ, tout m'a convaincu que c'est un garçon droit, dont l'âme honnête, le cœur excellent et l'esprit cultivé méritent l'amour et l'estime de tous les honnêtes gens. Éprouvé par le malheur, instruit par les contradictions, il ne devra son avancement, s'il y parvient, qu'à ses bonnes qualités. L'acquisition qu'il fait aujourd'hui est la preuve de ce que je dis. Ses amis pouvaient lui procurer un emploi plus lucratif des fonds considérables qu'il y destine, s'il n'eût préféré le plus honnête au plus utile. Je lui rends ces témoignages avec d'autant plus de plaisir, que je sais qu'ils sont d'un aussi grand poids à vos yeux que la faveur la plus décidée.

Je saisis avec empressement cette occasion de vous assurer, etc., etc.

Signé : PARIS DUVERNEY.

Et vous taisiez cette lettre, dont la minute était dans les papiers de l'inventaire Duverney, et dont je n'ai, moi, que la copie! Et lorsque vous êtres forcé, par une signification, d'en parler au moins dans votre mémoire, vous en retranchez tout le contenu, afin de l'affaiblir, et vous vous contentez seulement de dire (page 46 de la consultation des six) :

Chacun sait ce que prouve une lettre de recommandation; celle-ci devait être plus forte qu'une autre, à raison de l'intérêt pressant que Mesdames mirent à l'affaire; elle ne prouve donc pas intimité.

Non, monsieur le comte, elle ne la prouverait pas toute seule; mais quand elle est appuyée de toutes celles que j'ai produites, et qu'on peut d'autant moins la révoquer, qu'elle a été trouvée sous les scellés de M. Duverney, un plaideur de bonne foi, en la citant, l'aurait transcrite, et serait convenu qu'un homme aussi respectable que M. Duverney ne pouvait donner au jeune de Beaumarchais un plus honorable témoignage de son estime et de son affection. Ainsi donc, pour loi constante, quand vous ne pouvez pas nier, vous falsifiez; et dans l'impossibilité de falsifier, vous interceptez ou ne faites que citer sans transcrire. Et par cette *ruse*, vous me forcez de toujours mettre au net ce que vous embrouillez, de renforcer ce que vous atténuez. Mais, à votre aise, monsieur le comte; car si vous ne vous lassez pas de me fuir et de vous terrer, je ne me lasserai pas vous poursuivre; et tant que vous serez le lapin rusé, je serai, moi, le furet obstiné.

Pourquoi vous abstenez-vous, par exemple,
(page 26 de la consultation), de transcrire ma
lettre du 19 juin 1770 à M. Duverney, puisque
vous me l'avez signifiée? Est-ce parce qu'on
y lit cette phrase, qui prouve autant la confiance de M. Duverney que sa réplique citée
par moi (page 26 de ma Réponse ingénue) ?

Il s'agissait d'un mémoire, sur lequel je disais mon avis :

Mais comme cet essai fait trop d'honneur à l'é-
ducation et à l'élève pour rester inconnu. et *qu'en
remplissant l'objet pour lequel vous me l'avez confié*, il pourra subir l'examen, etc.

Est-ce parce qu'elle contient cette autre
phrase, qui est étrangère au mémoire, et se
rapporte à d'autres objets de confiance dont
j'ai montré les matériaux aux magistrats qui
nous jugent?

J'ai lu aussi tous vos règlements : j'aurai l'honneur
de vous dire aussi ce que j'en pense. *J'exciperai de
votre confiance* pour vous communiquer. avec une
louable franchise, *un projet qui m'est tombé dans
l'idée*, et qui me paraît concourir parfaitement au
but que vous vous proposez. Trop heureux si je puis
réussir à faire quelque chose qui vous soit agréable,
etc.

Et ce grand projet dont je lui promettais de
lui confier l'idée, j'ai fait observer à nos juges
qu'il avait eu sa pleine exécution, et j'ai joint
à mon observation toutes les copies du plan,
des lettres de M. Duverney aux puissances, et
des puissances à lui, le tout de la même écriture que les lettres du bureau de M. Duverney
à moi, parce qu'il me les avait remises alors
pour en faire le bon usage dont j'ai encore
instruit nos juges, et qui me donna tant de
droits à la reconnaissance de ce grand citoyen.

Voilà comment les choses sont faibles ou

fortes, selon qu'elles sont présentées; voilà comme elles sont importantes ou frivoles, suivant la preuve qu'on y ajoute, ou le retranchement total qu'on en fait. Et voilà comment ce que vous niez, il faut toujours le passer pour convenu, parce que c'est de vous surtout qu'on peut dire avec vérité, que deux négations valent une affirmation, et qu'en général, votre négation est plus affirmative que ce *non* des belles qui veut quelquefois dire *oui*, mais qui ne le signifie pas toujours.

N'ayant plus qu'un moment à parler, je ne m'écarterai point de la méthode utile de toujours déduire mes réponses actuelles de celles qui les ont précédées, et je ne répéterai pas ici ce que j'ai dit ailleurs. J'appliquerai seulement avec rapidité quelques remarques sur ce qui, étant nouvellement objecté, n'a pu être répondu nulle part.

Vous dites, monsieur le comte (p. 3 du mémoire fait par vous ou pour vous), que j'ai présenté le sieur Dupont, exécuteur testamentaire de M. Duverney, comme favorisant mes prétentions, pendant qu'il est, selon vous, *votre meilleur ami*. Mais je n'ai pas dit un mot de tout cela dans mon mémoire. J'ai prouvé que vous écartiez avec soin du grand-oncle tout ce qui vous semblait nuisible à vos intérêts. A la suite de beaucoup de faits, j'ai cité celui de l'exécuteur testamentaire, parce qu'en effet il y avait plus d'un an que la porte de M. Duverney lui était fermée par votre intrigue, et que je le savais très-bien, lorsque ce dernier mourut; je dis un fait avéré; je dis un fait très-grave; et vous répondez à cela : *Dupont, mon ami !*

J'ai cité ma lettre et la réponse de cet exécuteur, pour prouver ce que j'avançais; pour prouver surtout dans quelles dispositions affreuses vous étiez à mon égard, avant que vous eussiez l'air de savoir un mot de mes prétentions; et vous répondez à tout cela : *Dupont, mon ami!* comme si je vous contestais que le sieur Dupont fût devenu votre ami, c'est-à-dire mon ennemi.

J'ai dit ce qui fut écrit alors. J'ai cité ce mot frappant de sa réponse : *Je connais tout le mal qu'on a voulu me faire.* Je vous ai fait grâce, en morcelant sa lettre, du doute raisonnable où il était alors et où il aurait dû se tenir, de ce doute qui lui faisait écrire, en parlant de M. Duverney, *s'il en a dit quelque chose à son légataire; ou celui-ci ne dit pas vrai, ou il lui en a parlé, etc.* Et cette lettre que vous me reprochez d'avoir tronquée, vous savez que je l'ai déposée entière dans les mains de M. le rapporteur; et pour égarer totalement la question, vous répondez à tout cela : *Dupont, mon ami!* Quel rapport peut-il y avoir entre l'amitié qui existe entre vous deux aujourd'hui et les choses sérieuses que j'ai imprimées?

J'ai dit que le sieur Dupont était un homme prudent et circonspect, qui voyait froidement alors; j'ai rapporté à l'appui cette phrase de sa lettre : *Je connais assez les affaires qu'il vous laisse à démêler avec son héritier pour que je ne veuille pas y jouer un rôle.* J'ai avoué de bonne foi le refus qu'il me fit de se rendre conciliateur; ce qui ne montre cet exécuteur dans aucun jour qui me soit plus favorable qu'à vous; j'en dis seulement un mot qui tient à mon affaire, et je le laisse où je l'ai pris. Et vous venez faire gémir toutes les presses de la ville pour répondre oiseusement à cela : *Dupont, mon ami!* C'était bien la peine d'écrire.

(Page 12.) Vous me reprochez de citer un notaire qui est mort. Eh mais! il était vivant quand M. Duverney lui fit passer cet acte en brevet; il était son notaire d'habitude; il avait eu le dépôt de la charge de grand maî-

tre; il avait fait les contrats de celle de secrétaire du roi ; il fit enfin le brevet viager de
six mille livres de rente. Et parce que vous
me plaidez dix ans de suite, vous prétendez
que je serai tenu de conserver tous les témoins sains et vifs. Ce notaire a fini comme
nos deux avocats, parce que vous ne finissez
pas, vous. Ce notaire était vieux, il a fini par
force de durer, *comme toutes choses mondaines,*
et vous ne cessez pas de vous rouler dans la
poussière du palais, et de blanchir un officier
de guerre au service de la chicane. Certes, je
ne disputerais point de vos plaisirs, si vous
ne m'en faisiez pas supporter le chagrin et
l'ennui. Mais ce notaire valait-il la peine d'é-
crire?

Vous dites (page 16) que je ne devais pas
vous appeler l'*héritier* de M. Duverney, parce
que vous n'êtes que son légataire. S'il eût été
   lestion des vertus de ce grand citoyen, j'y
aurais, en effet, regardé de plus près; mais,
ma foi, pour de l'argent, c'était peu de chose.
D'ailleurs, si c'est *un faux,* vous l'avez commis vous-même, en disant, page 50 de votre
consultation de Paris : « D'où aurait-il donc su
que M. Duverney faisait le comte de la Blache
son HÉRITIER ? Confie-t-on à des étrangers le
secret de ses dernières dispositions? »

Or, si le secret des dernières dispositions de
ce testateur était, selon vous-même, de vous
faire son héritier, pourquoi cette expression
serait-elle plutôt *un faux* dans ma bouche que
dans la vôtre? Cela valait-il la peine de priver
toute la ville de ses presses pendant dix
jours? et l'on appelle cela des défenses!

Vous dites (page 30, au bas), que ma lettre
du 1⸴ octobre 1769 porte ces mots : « *J'arrive
de Touraine pour mes affaires;* » et ma lettre du
11 octobre que vous avez imprimée dans ce
mémoire (à la page 26), où je vous renvoie

expressément, ne dit pas un mot de cela. Il faudrait au moins masquer votre grosse duplicité par un peu plus de finesse, monsieur le comte!

Je vous reproche, dans ma *Réponse ingénue*, d'avoir dit partout que M. Duverney n'avait ni chagrin ni infirmité lorsqu'il est mort, le 17 juillet 1770; je vous y fais une grande honte de cette dure ineptie; et maintenant vous convenez (p. 54) *qu'il avait, au temps de sa mort, de grands tracas sur cette Ecole militaire.* Avais-je dit autre chose? Ce n'est pas ainsi que vous me battrez avec mes propres paroles, je vous en avertis : autant vaudrait ne rien répondre que de nous répondre des riens.

Vous dites spirituellement (page 59) que j'ai trompé la confiance de mon ami en ne brûlant pas ses lettres mystérieuses. Eh bien, tâchez de trouver dans les débris du commerce que je produis au procès un seul mot qui commette les secrets de mon ami; alors je pourrai penser que votre réponse, au lieu d'être un jargon bien sec, une battologie de mots enfilés, un cliquetis de paroles, est une véritable réponse. Mais jusque-là, rien.

Vous dites (page 64) que l'opération du supplément de cinquante-six mille à cent trente-neuf mille livres était si simple, qu'on est surpris *que je ne l'aie pas présentée dans les premiers tribunaux.* Eh bien! dans votre style, cela veut dire que je l'ai présentée dans les premiers tribunaux. En effet, c'est ce qui est arrivé. Voyez plus haut mon *Mémoire au conseil.*

Tout le reste n'est, comme cela, qu'une plate redite d'objections débattues, bien battues, rebattues, et qui font soulever le cœur à force d'avoir été lues, relues et foudroyées; en voilà trop pour vous. Suivons votre avocat *Légion* dans sa consultation des six.

(Page 13) de cette consultation, cet écrivain disserte à perte de vue pour prouver l'incertitude de l'art des vérificateurs. On sait tout cela comme lui ; mais jusqu'à ce qu'un meilleur moyen fasse promulguer une nouvelle ordonnance, il est clair qu'il faut s'en tenir à ce que nous avons. Si c'était moi qui eusse ainsi disserté sur l'incertitude de cet art dangereux, quel avantage le comte de la Blache n'en eût-il pas tiré pour sa cause ! Je ne dis mot, je me soumets à la loi ; et par un renversement singulier, c'est l'accusateur qui fuit de toutes ses jambes à la preuve que cette loi lui offre. A-t-on jamais ouï parler d'une telle bizarrerie ? Et que nous fait que l'Encyclopédie ait prétendu que des faussaires ont eu l'art d'enlever l'écriture ? n'est-il pas absurde d'en appliquer l'observation à un acte fort long, écrit au-dessus d'une signature et d'une date au bas de la seconde ou de la quatrième page d'une grande feuille à la Tellière ?

Cet avocat suppose (page 16 et toujours de sa consultation) qu'il est prouvé que vous n'êtes point avare. Je veux vous faire un tour pendable. Dans l'espérance que ma réplique ira jusqu'à Paris, je veux transcrire ici son passage ; il sera ma seule réponse : on la trouvera sanglante : « Déjà parvenu à un grade honorable, estimé de tous ceux qui le connaissent, il (le comte de la Blache) n'avait donné aucune marque de cette avarice sordide dont le sieur Beaumarchais l'accuse, etc. »

L'accusé ! Eh mais ! n'ai-je pas ennobli tant que j'ai pu les motifs de vos procédés, en accolant toujours la haine à l'avarice, au point que l'on m'a reproché de multiplier les êtres sans nécessité !

Vous dites, ou l'on dit pour vous (page 30)

que je n'ai eu garde de *produire l'original de la lettre qui me fut adressée par M. Duverney le 27 juin 1763.*

Le lecteur doit entendre ici que j'ai produit cet original, puisque vous le niez. En effet, cet original est dans les mains de M. le rapporteur. N'est-il pas fort original, qu'on se défende ou qu'on attaque en portant toujours pour faux ce qui est incontestablement reconnu pour vrai ?

C'est pourtant là tout le secret de vos défenses !

Vous avez cru, lecteur, que je plaisantais, et je l'ai cru comme vous, lorsque j'ai dit dans ma *Réponse ingénue* (page 25) :

Je n'emploierai pas cette première preuve d'intimité ; car ON pourrait me répondre qu'ON ne voit pas la nécessité de conclure qu'un homme en aime un autre et le considère, parce qu'il lui prête en plusieurs fois près d'un million sans sûreté.

Eh bien ! on ne peut rien avancer de si absurde, que le comte de la Blache ne s'en empare à l'instant. Voyez comme il a saisi notre idée (page 34) :

Sans être l'ami intime de quelqu'un, on lui prête tous les jours avec hypothèque et privilège sur un office ou sur d'autres effets...

Près d'un million sans sûreté, devait-il ajouter, pour rendre la réponse complétement ridicule !

(Page 48.) Le consultant nous dit :

Sur l'achat d'une maison à Rivarennes... Le sieur Duverney, qui n'aurait pas manqué de répondre sur un objet de cette importance, n'en dit absolument rien.

Souvenez-vous toujours, lecteur, que cela veut dire : M. Duverney en parle beaucoup : **voyez sa réponse à ma lettre précédente du**

22 septembre 1769, où cet objet est traité en détail. Ici je lui annonçais seulement que tout était rompu, qu'il ne fallait plus y penser : ma lettre était une réplique à sa réponse. On ne peut se lasser d'admirer le bon sens ou la bonne foi de tous ces écrivains!

(Page 49) :

Cet article des bois est déjà nettoyé ; vous saurez de combien vous m'êtes redevable sur cette partie.

Phrase de ma lettre du 8 octobre, dont l'avocat abuse à son escient. Voyez-le s'échauffer la tête, et suer de l'encre, à trouver une contradiction entre cette phrase et celle-ci de ma lettre du 9 janvier suivant :

A cet article des bois près, nous sommes d'accord sur tout le reste.

Mais le sage magistrat qui, sur votre citation, lit mes deux lettres, voit que, dans la première, il s'agit de calculs de fonds avancés, et que, dans la seconde, il est question de savoir à qui de nous deux restera l'entreprise des bois; ce qui n'est point contradictoire. Or, si le lecteur veut s'amuser lui-même à la vérification de ce fait, après avoir relu la citation qui appartient à ma lettre du 8 octobre 1769 :

Ci-joint la copie exacte de l'inventaire général de nos mises de fonds pour les bois. Cet article est déjà nettoyé, et vous saurez de combien vous m'êtes redevable sur cette partie.

Il peut remonter à la page 32 du mémoire par ou pour le comte de la Blache, où ma lettre du 9 janvier 1770 est rapportée en entier; il y verra ces mots :

Vous m'avez prié de réfléchir sur votre proposition, je l'ai fait ; j'aime mieux que vous ayez tout l'intérêt des bois) à vous seul, que de le prendre, moi. Je ne

puis mettre le bien de ma femme dans mes affaires
et je n'ai plus d'argent, s'il faut des fonds. A cet article des bois près, nous sommes d'accord sur tout le
reste.

Et lorsque, après une aussi vicieuse objection, cet avocat finit sa tirade en faisant le
bonhomme, en jouant de l'indigné par cette
conclusion :

La fraude ne se décèle-t-elle pas par de pareilles
contradictions ?

N'ai-je pas bien droit de lui rétorquer son
argument, en lui disant à mon tour :

Ainsi la mauvaise foi se décèle toujours par de
semblables citations!

Si je n'emploie pas exactement sa phrase
en lui répondant, c'est que je n'aime pas ce
choc raboteux de syllabes, *décèle-t-elle pas par
de par...* Mais, comme je l'ai déjà dit dans je
ne sais quelle de mes réponses :

S'il est toléré de mal écrire, ô avocat! il est ordonné de citer juste, ô honnête homme!

Et j'ose bien assurer que si vous aviez un
père qui eût lu votre consultation, il se serait
bien gardé de s'écrier dans sa joie, comme le
juste Siméon : *Nunc dimittis servum tuum Do-
mine*, ou bien ce père-là ne serait pas difficile
en consultations. Mais je perds du temps, et
je n'en ai pas assez pour finir mon ouvrage.
Avançons.

Le seigneur ON avait imprimé que jamais
M. Duverney ne m'avait écrit un seul mot
d'amitié. Je cite en réponse un billet de lui,
portant ces mots :

Votre santé m'inquiète, monsieur : faites-m'en donner des nouvelles tous les jours. jusqu'à ce que je
puisse vous voir ; ce que je désire ardemment.

Que réplique à cela le candide avocat?

Point de date (dit-il); en sorte que le sieur de Beaumarchais *a pu* appliquer au 15 juin ce qui *aurait pu* lui être écrit dans un autre temps, etc.

Aurait pu! a pu ap... Quand on est forcé de déraisonner, oh! comme on écrit mal! L'attention qu'on donnerait à son style, il faut la porter tout entière à son plan, et l'on devient si gauche! Eh! qu'importe, avocat, qu'il ait écrit le 10 ou le 15, en janvier ou septembre, un pareil billet? en est-il moins un billet amical? Et pouvais-je mieux relever que par ce billet le reproche de n'avoir jamais reçu de mon ami un seul mot d'amitié? M. le comte de la Blache, vous êtes bien contagieux! En honneur vous empestez et bêtifiez tout ce qui tourne en votre sphère!

En voyant les efforts que fait l'avocat Légion (p. 54 et 55) pour effleurer le billet que j'ai décrit (dans ma *Réponse ingénue*), les magistrats, qui ont la pièce originale sous les yeux, doivent un peu sourire, et prendre un tel orateur en grande pitié, tant sur la forme qu'il attribue au billet que sur l'impossibilité des cachets et des plis du papier!

Réellement ce n'est pas pour nos juges que ces messieurs écrivent : ils ne peuvent plus se flatter de leur en imposer. Les pièces qu'ils attaquent sont sous leurs yeux, et je suis là pour balayer les faux indices. Mais ces avocats écrivent pour la bonne compagnie du cours et de la ville, que l'auguste circonspection des magistrats tient dans l'incertitude. En attendant l'arrêt, ces avocats endorment leur client, par l'espoir qu'on croira sur le cours qu'ils ont bien répondu. • *Soyez tranquille, monsieur le comte,* lui disent-ils respectueusement, *c'est un chien qui aboie à la lune.* • Et, le client,

furieux que ces propos ne réjouissent pas,
leur répond : « *Oui, mais attendant, c'est un chien
enragé qui me mord les deux jambes.* » S'il avait dit,
qui me *coiffe* hardiment, l'image eût été plus
correcte. Mais ils se trompent tous à mon
égard : je ne suis ni chien ni enragé ; je ne
mords les jambes ni ne saute à la face ; je suis
un malheureux plaideur, bien tourmenté,
bien vexé, qui n'a provoqué personne, et qui
n'écrit jamais qu'en répondant. Eh ! laissez-
moi tranquille, et je ne dirai mot. Mon em-
blème est un tambour, qui ne fait du bruit
que quand on bat dessus.

(Page 56) :

Cette lettre porte (dit l'écrivain), on ne sait pourquoi, trois cachets. Ne serait ce qu'au troisième que
le sieur de Beaumarchais serait venu à bout de la
faire cadrer à son dessein ?

Et vous aussi, Martin ! vous voulez badi-
ner ! Mais, Martin ! vous avez les pieds trop
lourds, et vous dansez de mauvaise grâce ! En
attendant, sachez, Me Martin, que la lettre dont
vous parlez, bien examinée par les magistrats, est reconnue ne porter que deux cachets, comme je crois l'avoir déjà dit plus
haut. J'écris si vite, et l'imprimeur m'enlève
si promptement les morceaux pour les enfour-
ner tout chauds, qu'il ne m'est pas possible de
savoir si j'ai parlé de cette lettre ou non : mais,
en pareil cas, la redite est un petit mal : eh !
pussé-je n'en avoir pas de plus grave à reprocher à mes adversaires !

(Page 58.) Voyez-vous, lecteur, ces grosses
lettres capitales qu'il emploie en style d'écriteau, pour rappeler que j'ai dit que M. Duverney déguisait son style et *sa main*, quand il
écrivait mystérieusement ; comme si cela m'é-
tait échappé bien imprudemment, ou que
j'eusse voulu me ménager un grand échappa-

toire, en disant qu'il déguisait *sa main*. A cela, voici ma réponse :

Tel billet de M. Duverney est supposé par eux n'être pas *de sa main*; tel autre n'est querellé par eux que sur la supposition d'un anachronisme. On rapproche les deux billets, on les trouve écrits *de la même main*. On fait cette épreuve sur tous les billets l'un après l'autre; on voit la fourberie, et l'on sait par cœur le comte de la Blache. Entendez-vous, messieurs, ma réponse? Il n'était pas besoin de vous mettre en légion pour faire de pareille besogne, et votre homme a beau ronger le filet, appeler à son aide tout le conseil des rats, je ne vois pas qu'aucun d'eux m'ait encore attaché le grelot. Bien est-il vrai qu'à vous sept vous avez cru me frapper du glaive de la parole. Mais, tout compté, tout débattu, lorsque vous m'avez passé tous au fil de la langue, il se trouve qu'il n'y a de blessé que l'oreille de vos auditeurs.

Pourquoi ne pas laisser au comte Falcoz le soin important de m'injurier et de me calomnier? Il s'en acquitte si bien! Puis, sitôt qu'on sait quel il est, chacun se retire, en disant : tant qu'il vous plaira, *M. Josse!* En effet, il est bien le maître; mais vous! vous, messieurs.

Laissons cela. J'ai trop à me louer du barreau de cette ville, et j'y ai reçu des témoignages d'un zèle trop obligeant de tous les jurisconsultes, pour que je garde un peu de ressentiment contre quelques-uns d'entre eux. En écrivant ainsi, vous ne m'avez fait aucun mal; vous n'avez trompé personne, et vous avez bercé votre client. Vous avez senti que toutes vos petites ruses de palais seraient vertement relevées si j'avais le temps de prendre la plume, et vous vous y êtes livrés sans scrupule : aussi votre ouvrage, fait à la hâte, un peu verbeux et sans esprit comme les miens, est-il parfois jésuitique, obscur, louche, et frisant *la ruse Blachoise* en quelques endroits : mais malgré cela, chacun dira toujours que c'est un ouvrage excellent.

Quand je dis excellent ! c'est-à-dire une œuvre peu honnête, encore moins réfléchie, d'un style sec et lourd, et qui, s'il ne satisfait pas les gens de loi, ne plaira pas davantage aux gens de goût. Mais qu'est-ce que le goût, messieurs, à le bien prendre ? un examen difficile, un jugement pur, exact et délicat des mêmes objets dont le commun des lecteurs jouit bonnement et sans réflexion. Mais quand la critique austère est partout substituée au plaisir innocent, l'honneur de ne se plaire à rien finit souvent par tenir lieu aux gens de goût du bonheur qu'ils avaient de se plaire à tout quand ils étaient moins difficiles. Faible dédommagement des jouissances qu'un trop rigoureux examen nous fait perdre ! Faisons donc quelque effort pour trouver cet ouvrage excellent ! ils ont eu tant de mal à le faire ! et cela est bien naturel, ils n'étaient que sept à le composer !

A l'instant où je finis ce mémoire, ce samedi au soir 18 juillet 1778, je reçois par huissier la signification *in extremis*, de l'aveu du comte de la Blache, que M⁰ Bidault avait confié mes lettres familières à M⁰ Caillard, aveu qui complète enfin ma preuve que l'apposition du cachet sur le mot *Beaumarchais*, et tout ce que j'ai reproché dans ma *Réponse ingénue* à l'adversaire est arrivé, comme je l'ai dit, pendant cette communication à l'amiable.

Voici ce que porte le certificat de feu M⁰ Caillard.

Je sous-igné, avocat au Parlement, certifie que j'ai fait figurer sous mes yeux les copies du billet ci-dessus (c'est celui du 5 avril) et de la lettre écrite sur le recto de l'autre part, sur l'original qui m'a été

communiqué par feu Me Bidault, mon confrère, lors
des plaidoiries de la cause entre le comte de la Blache et M. de Beaumarchais aux requêtes de l'hôtel,
après que Me Bidault, assisté de M. de Beaumarchais,
eut fait valoir lesdits billets et lettres à l'appui de
l'acte dont il demandait l'exécution.

A Paris, le 16 mai 1775.

Signé : CAILLARD.

Mais quel peut être le motif d'un pareil aveu
du comte de la Blache, signifié par huissier,
au dernier moment du procès, après avoir employé, dans la consultation des six, les pages
41, 42 et 43, à tourner péniblement autour de
la difficulté, sans rien dire, au lieu de la ré-
soudre brusquement par le certificat de Caillard ?

Quand j'ai levé la grande question du cachet apposé, dans ma *Réponse ingénue;* quand
j'ai dit que Me Bidault avait communiqué les
lettres à l'amiable à Me Caillard pendant les
plaidoiries des requêtes de l'hôtel, quoique
je m'y fusse opposé dans le temps; quand
j'ai dit que ce fut moi-même qui les remis à
Me Caillard, alors j'ignorais ce que je viens
d'apprendre : c'est-à-dire que Me Caillard est
convenu de ce fait, en certifiant par écrit les
copies figurées des lettres! Donc, je disais
vrai, toujours vrai dans mon mémoire; donc
ce point est fort clair aujourd'hui.

Mais pourquoi cette signification? J'en suis
encore à chercher, à deviner... Pour de la
bonne foi... Oh! non, ce n'en est point! après
avoir tant répondu sans dire un seul mot de
ce fait! et puis nous connaissons la bonne foi
du pèlerin. C'est donc autre chose.

Aurait-il appris, par quelque ruse, autour
de mon imprimeur, ce que j'ai dit plus haut
de l'avis qui m'a été donné hier au soir, qu'on
avait vu, sur les copies figurées de mes lettres
qu'il montre, un certificat de Caillard, lequel

pourrait bien prouver le fait avancé par moi dans ma *Réponse ingénue* (que Caillard avait eu les lettres et le titre en sa puissance pendant cinq jours)?

A-t-il voulu prévenir la publicité de cette réplique, et prétend-il énerver par son aveu si tardif de ce soir tous les reproches que je ne cesse encore de lui faire, en y traitant de nouveau la matière à fond?

Aurait-il voulu faire entendre aux magistrats, dans l'instruction du procès, que ces lettres n'ont été communiquées à M⁰ Caillard qu'après la scène de l'audience, où j'ai dit que Junquière les avait confondus?

Cela pourrait bien être, et comme c'est ce qu'il y a de plus faux, de plus insidieux à dire, je me tiens à cette idée, comme la plus probablement adoptée par lui. Il faut donc la combattre, et balayer cette poussière, exorciser ce nouveau fantôme, qui voudrait obscurcir la plus claire de mes preuves.

Ce moment est suprême; renonçons à l'élégance, et que la clarté nous tienne lieu de tout.

Pourquoi M⁰ Caillard désira-t-il une communication amicale de nos lettres *pendant les plaidoiries*? C'est que le comte de la Blache, ayant vu ces lettres avant le procès (circonstance qui me détermina, malgré l'avis de mes conseils, à les montrer à l'audience, dans les plaidoyers de M⁰ Bidault, pour qu'on ne me reprochât pas de refuser en public ce que je montrais en particulier), M⁰ Caillard, qui ne devait parler que le second, puisque j'étais demandeur, voulut, avant de répondre à M⁰ Bidault, connaître à fond ces lettres pour les discuter à l'audience. Il nous pria donc de les lui confier; ce que nous fîmes. Après laquelle confiance vint enfin le plaidoyer de Caillard et son imputation d'un cachet apposé par moi

sur ce mot prétendu écrit par M. Duverney :
plaidoyer qui fut coupé par ma protestation,
par la déclaration de Me de Junquière, et par
sa preuve qui couvrit de confusion et l'avocat et le client.

Donc c'est avant la scène de l'audience que
la communication amicale du titre et des lettres fut faite à Me Caillard, et non pas depuis.
A quelle fin en effet l'aurait-il désirée après
ses plaidoyers, s'il l'eût négligée avant de
porter la parole? Donc, en ajoutant cette conviction à toutes mes précédentes preuves, on
s'assure de plus en plus que c'est pendant
cette communication que la friponnerie avérée
du cachet apposé, du mot déchiré, de la roussissure et des taches d'encre, fut consommée ;
donc l'imputation qui m'en fut faite à l'audience, et dans le premier mémoire de Caillard, est ce qu'il y a jamais eu de plus lâche et
de plus odieux.

Un autre fait aussi étrange, c'est de voir le
comte de la Blache soutenir aujourd'hui que
je suis toujours resté sans réponse aux reproches que me fit ce même Caillard dans ses
plaidoyers et mémoires aux requêtes de l'hôtel, sur une prétendue surcharge qui, dit-il,
existait dès lors sur toute l'écriture du billet
portant : *Voilà notre compte signé.*

A cela, voici ma réponse, et je prie les
magistrats de vouloir bien la peser jusqu'au
scrupule.

Si je n'avais pas alors répondu à ce reproche d'une surcharge entière d'écriture, fait,
dit-on, par Caillard, il en faudrait conclure
qu'après avoir bien avéré dans le temps que
la friponnerie du cachet apposé, du mot
Beaumarchais déchiré, de la roussissure du
papier et des pâtés d'encre, était à mes ennemis, je me serais cru en droit de m'élever
au-dessus de la défense d'une imputation de

surcharge, dont tout l'artifice eût été prouver leur propre ouvrage.

Mais il n'est pas vrai que Caillard ait jamais reproché de surcharge entière à ce billet, dans aucun endroit de ses plaidoyers ni de ses mémoires.

Caillard a dit : Les mots *voilà notre compte signé*, sont à la fin du billet ; on aura bien pu les y ajouter. La réponse à cela était : si l'on a bien pu les y ajouter, on a bien pu aussi ne les point ajouter, c'était se battre alors pour la chappe à l'évêque ; je n'ai donc pas cru devoir y perdre mon temps.

Caillard disait : les mots *voilà notre compte signé*, sont d'une écriture différente ; on le voit à travers le papier. Ici, la réponse était : inscrivez-vous en faux : ce fut celle aussi que je ne cessai d'y faire en tous mes écrits.

Caillard disait : On a voulu faire du mot jeudi celui de vendredi ; il y a un trait sur la première lettre du mot qui prouve qu'on l'a essayé. Caillard disait une bêtise, car pourquoi surcharger la date de M. Duverney? pour la faire cadrer à la mienne, quand il m'était si facile de faire cadrer ma date à la sienne, si j'appliquais après coup un billet sur le sien ? On n'a pas cru devoir repondre à cette bêtise de Caillard.

Caillard disait : Vous avez fait un 5 du 6 de votre date, pour le faire cadrer au mot jeudi de M. Duverney. — Donc, Me Caillard, si j'ai pu surcharger à mon gré ma date au billet appliqué, si en effet je l'ai surchargée, je n'ai pas eu besoin de toucher à celle de M. Duverney, aussi grossièrement surtout que vous dites que la première lettre est surchargée. Mais vous imposez, Me Caillard, sur votre expression. Le petit trait qui se trouve sur la première lettre du mot *jeudi* n'est pas une surcharge ; c'est tout platement une lettre, et cette lettre est un *M*, et non pas un *V*; ce qui, bien vérifié, s'éloigne tellement du lâche systéme que vous me supposez, qu'au lieu d'avoir essayé de faire du mot jeudi celui de vendredi, pour qu'il se rapportât à une fausse date du 6 avril, il s'ensuivrait que je n'aurais surchargé le mot jeudi que pour m'éloigner encore plus de ce 6 avril; car un M en surcharge ne pourrait présenter que l'intention de mettre *Mardi* ou *Mercredi*, dont l'un était le 3, et l'autre le 4 avril. Donc, ce *M*, et non pas ce *V*, ne pouvait être de moi : donc cette lettre fut tout naturellement de M. Duverney, ou bien elle est germaine de toutes les infamies qui furent faites sur ce billet lors de la communication à l'amiable, à cause de ces mots : *voilà notre compte signé*, qui faisaient tant mal au cœur de l'adversaire.

Voilà pourquoi je crus alors qu'au lieu de relever chaque insigne bêtise de Caillard sur ce billet, il valait mieux couper d'un seul coup toutes les têtes de l'hydre, en prouvant bien la friponnerie du cachet apposé, du mot déchiré, de la roussissure imprimée au papier, et des taches d'encre par-ci par-là sur les premiers mots; et c'est ce que j'ai fait.

Mais comme on n'avait jamais parlé jusqu'à présent d'une surcharge entière, ou d'un trait passé sur toute l'écriture du billet, je n'ai pas pu la prévoir, et n'ai pas dû répondre d'avance à l'imputation d'une odieuse lâcheté qui ne m'était pas encore administrée.

Cependant le comte de la Blache assure aujourd'hui que l'ancien Caillard m'en fit le reproche : mais si le Caillard des requêtes en eût écrit un seul mot, je lui aurais répondu qu'il mentait, et je le lui aurais prouvé; ou bien je lui aurais appris que c'était un motif de plus pour s'inscrire en faux contre le billet, s'il osait, parce qu'il n'y a pas de faux plus visible qu'une surcharge entière sur le trait d'écriture d'une lettre attaquée.

Mais comme je ne puis aller repêcher dans le temps et dans l'espace le vain bruit égaré des prétendues paroles de Caillard, il faut donc que je m'en tienne à ce qu'il a fixé par écrit. Or, il a si peu parlé de ce trait passé sur l'écriture, que, pendant que le comte de la Blache assure que je suis resté aux requêtes de l'hôtel sans réponse à son reproche de surcharge, son Caillard d'Aix lui donne aujourd'hui le plus furieux démenti sur le prétendu reproche de l'autre Caillard, en imprimant (page 43 de la consultation des six) ce paragraphe remarquable : « 1° L'inscription en faux ne serait plus possible, attendu la surcharge visible d'encre faite sur tout le corps du billet, *surcharge qui n'existait pas aux requêtes de l'hôtel*, et qui empêcherait aujourd'hui toute vérification. »

Surcharge qui n'existait pas aux requêtes de l'hôtel ! Voilà le mot de la question. Maintenant, lequel a menti de l'avocat ou du client ? Y avait-il une surcharge, ou n'y en avait-il pas ? Ai-je dû répondre au Caillard de Paris, qui ne me l'a jamais reprochée ? Dois-je opposer le Caillard d'Aix, qui soutient qu'elle n'existait pas alors ? au seigneur ON, qui dit qu'elle existait, et qu'on me l'a reprochée dans ce temps-là, quoique cela soit faux ?

Que dois-je faire, surtout lorsque, dans l'instant même où j'écris, excepté quelques pâtés d'encre informes, le trait de tout le billet est dans sa pureté ? quand il est prouvé qu'une surcharge entière serait un motif de plus, et non un motif de moins, pour s'inscrire en faux, si l'on osait le faire ? quand j'ai bien prouvé que tout le déshonneur qu'on a voulu verser sur ce billet appartient à mes ennemis ? enfin, quand il est évident que je n'ai pas cessé de dire que je n'entendais ajouter aucune valeur de l'acte du 1er avril par la représentation de toutes ces lettres qui lui sont inutiles?

O perfide et méchant adversaire! quelle peine vous me donnez pour démasquer toutes vos fourberies à mesure que je les apprends! Mais vous ne me lasserez pas. Je vous confondrai sur tous les points. Vous avez beau ruser, tout embrouiller pour induire en erreur, vous rendre contradictoire avec votre ancien avocat, avec vos nouveaux défenseurs, avec vous-même; vous avez beau toujours fatiguer l'attention des magistrats par des circonstances vaines, insidieuses ou fausses, ou je l'ignorerai, ou je ne cesserai de balayer vos calomnies comme le vent du nord balaye la poussière et les feuilles desséchées.

Je ne puis trop répéter, lecteur, ce que j'ai dit plus haut sur le silence que j'oppose à une foule d'imputations aussi malhonnêtes que sans preuves. Elles ont toutes été répondues dans mes autres écrits, et surtout dans mon mémoire au conseil, où je n'ai rien laissé à désirer sur la teneur, la formation, les motifs et le véritable esprit de l'acte du 1er avril 1770.

En ramenant toujours les mêmes objections vingt fois réfutées, ceci devient une guerre interminable, où l'on peut écrire et disputer cent ans, comme en théologie, sans avancer d'un pas et sans s'arrêter sur rien.

Quant aux voix qui devaient s'élever de toutes parts en ma faveur, que le comte de la Blache ne s'en inquiète pas pour moi! N'ayant à faire juger en Provence qu'une question de droit, j'ai refusé toute offre, tout appui qui s'écartait de mon affaire; et vous savez bien que je ne pouvais pas cumuler des moyens d'action criminelle dans une simple instance au civil. Mais je promets à mon ennemi qu'il ne perdra rien pour attendre, et qu'il les entendra, ces voix, quand il en sera temps, si le cas y échoit.

Je n'aurais pas même ajouté un seul mot à la consultation solide et froide que j'avais fait faire à Paris, et je me serais bien gardé de joindre des lettres inutiles à des lettres inutiles, au moins dans le procès actuel, si je n'avais été violemment provoqué par les injurieux propos de mon adversaire à Aix, et par la nouvelle inondation de sa soussignée de Paris, intitulée ridiculement : *Consultation pour M. tel, contre le sieur tel.*

Maintenant, qui pensez-vous qu'on brûlera, Messieurs, ou moi qui n'avance que des faits dont j'ai la preuve et la conviction parfaite, ou vous qui diffamez en parlant de ce que vous ignorez, en alléguant des faits dont vous savez la fausseté? Quel est le plus digne, à votre avis, du feu, de celui qui se ment à soi-même, pour dépouiller, pour opprimer, pour perdre un adversaire, ou de celui qui repousse avec force et sans ménagement l'ennemi qui l'attaque sans pudeur?

Et quand un homme est assez insensé pour s'exposer, par des horreurs bien prouvées, aux reproches les plus graves dont on puisse le couvrir, comment ose-t-il se plaindre après coup d'un mal dont il lui fut si aisé de se garantir?

J'ai trouvé partout le mot *fripon* dans vos écrits; je l'ai mis dans la balance, et j'ai reconnu qu'il pesait cent livres. Opposant pour contre-poids celui de *calomniateur* dans les miens, j'ai trouvé qu'il n'en pesait que dix. Il n'y a point de parité, me suis-je dit. Aussitôt, changeant d'instrument, j'ai fait glisser le poids léger de *calomnie* au bout d'un levier composé, comme je l'ai dit, des circonstances très-aggravantes, et j'ai gagné l'équilibre des cent livres : c'est le secret de la romaine, et voilà toute notre histoire.

Maintenant donc, Messieurs, pourquoi faudrait-il nous brûler ? On voit bien dans vos écrits de la cruauté, des platitudes et de la mauvaise foi : dans les miens, on y voit de la bonne foi, de la colère et quelques platitudes.

> Mais après tout, il faut pourtant conclure
> Qu'entre messieurs Siméon père et fils,
> Gassier, Barlet, Desorgues, Portalis,
> Falcoz et moi, tous *faiseurs d'écriture*,
> *Aucun de* nous *n'est sorcier, je vous jure.*

CARON DE BEAUMARCHAIS.

MATHIEU, *procureur.*

Monsieur le conseiller DE SAINT-MARC, *rapporteur.*

———

Ci-joint la déclaration du dépôt que j'ai fait chez le notaire de ma soumission de cinquante mille livres.

Je soussigné Pierre Boyer, conseiller du roi, notaire à Aix en Provence, déclare que M. de Beaumarchais m'a remis cejourd'hui sa soumission, telle qu'elle est insérée mot à mot dans son mémoire imprimé, intitulé : *Le Tartare à la Légion*, page 177 dudit mémoire, duquel mémoire il m'a remis un exemplaire signé de lui.

Fait à Aix, le 19 juillet 1778.

POST-SCRIPTUM

—

Ce mémoire était tout imprimé lorsque le comte de la Blache vient de me faire signifier une lettre de *son ami Dupont*, arrivée, dit-il, de Béarn, où le comte de la Blache ignorait qu'il fût (dit-il encore). Je cherche en vain ce que veut dire cette nouvelle communication qu'il me fait faire ; à quoi cela répond-il ? *Cui bono?* Cela lui vient à point ; comme sa lettre *de Grenoble* à son ami Goëzman.

Vous jugez bien d'abord, lecteur, que, puisque le comte de la Blache assure, dans son commentaire sur cette lettre produite, *que je n'avais encore jamais parlé du sieur Dupont dans mes défenses*, on peut en conclure hardiment que j'avais déjà parlé du sieur Dupont dans mes défenses ; car le comte de la Blache est toujours fidèle à son principe.

En effet, dans mon mémoire au conseil, j'avais dit : « Je prouverai comment et par qui le sieur Dupont, qui d'emplois en emplois était devenu son premier secrétaire (de M. Duverney), qui avait mérité d'être son ami, et qui est aujourd'hui son successeur dans l'intendance de l'Ecole Militaire, a été lui-même éloigné de ce vieillard sur la fin de sa vie : parce que, le sachant nommé son exécuteur testamentaire, on avait le projet de faire faire au vieillard un autre testament et d'obtenir un autre exécuteur. »

Si j'ai parlé alors en bons termes du sieur Dupont, si, en 1778, j'en ai dit du bien, quoique je sache qu'il est du nombre de mes ennemis ; si même aujourd'hui, qu'il se prête à un petit dénigrement, je persiste à penser de lui ce bien que j'en ai dit, c'est qu'il est un de ces hommes dont j'ai toujours aimé les travaux et le caractère, et qu'il est impossible qu'il n'ait pas un vrai mérite, quand de simple commis qu'il était, il a pu s'élever à la dignité de conseiller d'Etat. Et l'on sent bien que je dis ici tout ce que je pense.

C'était en 1774, lecteur, que j'écrivais ce trait sur le sieur Dupont, *dont je n'ai jamais parlé* (dit-on) *dans mes défenses;* et c'est en 1778 que j'en ai fait la preuve : et ma preuve a été de montrer, par cette phrase du sieur Dupont écrite en 1770 : *je connais tout le mal qu'on a voulu me faire;* et cette autre de la même date : *je connais assez les affaires qu'il vous laisse à démêler avec son* HÉRITIER, *pour que je n'y veuille pas jouer un rôle* : 1o que le comte de la Blache avait écarté *Dupont, son ami,* de M. Duverney dans les derniers temps de sa vie, pour être seul *maître du champ de bataille;* 2o pour montrer dans quelles dispositions atroces était déjà cet *héritier* (qui ne veut pas qu'on le nomme *héritier*) avant qu'il eût l'air de connaître mes prétentions sur une portioncule de son héritage : sans que j'aie entendu pour cela m'étayer de l'opinion actuelle du sieur Dupont, qui m'est aussi indifférente qu'elle m'est connue, et qu'elle est étrangère à ma cause.

En lisant cette phrase de ma *Réponse ingénue : on voit par ces aveux d'un homme honnête, et qui jugeait froidement alors, dans quelles dispositions était ce vindicatif* HÉRITIER, *ets.,* l'on peut juger, dis-je, que je sais fort bien que le sieur Dupont est devenu l'ami du comte de la Blache, parce que l'intérêt qui divise les hommes est aussi ce qui les réunit·

D'après tout ce nouveau train de mon adversaire, je prie le lecteur d'avoir la patience de relire ma *Réponse ingénue;* il se convaincra que je n'ai dit, ni voulu prouver autre chose à cet endroit, sinon le bon caractère, les précautions, les intentions et *les ruses du comte de la Blache.*

Ne voulant pas semer trop d'ennui sur mes défenses, je n'ai imprimé toutes les lettres citées, quand elles étaient longues, que par extrait ; mais j'atteste ici devant les magistrats du Parlement qui me lisent, que les originaux entiers leur ont tous été déposés dans les mains, loin que je voulusse dissimuler la moindre chose au procès.

Maintenant, en quel dédain ne doit-on pas prendre un plaideur qui ne néglige pas même en sa cause de se faire écrire de Béarn, pour les imprimer, des lettres apologétiques, par un ami *dont il ignorait l'absence de Paris,* quoique cet ami nous apprenne en être parti le 10 mai, temps auquel le comte de la Blache était encore à Paris, n'en étant parti pour Aix que longtemps après cette époque? Quelle pitié! bon Dieu! quelle pitié!

Que si j'avais pu m'abaisser à de pareils moyens, le comte de la Blache croit-il que je n'eusse pas pu le couvrir de lettres bien plus imposantes, et qui eussent au delà balancé la fade apologie intitulée: *Dupont, mon ami?* J'aurais cru me déshonorer de le faire, et je n'ai pas eu besoin d'un instant de réflexion pour m'en abstenir. Car je maintiens toujours que, *pour avoir une bonne conduite en cette affaire, je dois prendre en tous points le contre-pied de la sienne.*

CARON DE BEAUMARCHAIS.

MATHIEU, *procureur.*

LETTRE DE M. DE BEAUMARCHAIS

AUX GAZETIERS ET JOURNALISTES

—

Paris, ce 10 septembre 1778.

MONSIEUR,

La variété des récits que les gazettes ont faits de l'arrêt en ma faveur, rendu, le 21 juillet de cette année, au Parlement d'Aix, dans le long et trop bruyant procès entre M. le comte de la Blache et moi, les versions dénuées de sens et de vérité que j'en ai vu répandre dans le public, avec plus d'ignorance des faits peut-être que de méchanceté, m'obligent à recourir une seule fois aux rédacteurs des gazettes et des journaux, où j'ai tant été déchiré pendant dix ans sur ce procès.

Je vous prie donc, monsieur, d'insérer dans le vôtre ce compte exact, simple et sans fiel, des motifs et de la teneur d'un arrêt qui m'assure à l'estime publique un droit que l'injustice enfin reconnue, et sévèrement réprimée par cet arrêt, avait tenté de m'enlever.

Jamais, dans aucun tribunal, procès n'a peut-être été plus scrupuleusement examiné que celui-ci au Parlement d'Aix. Les magistrats y ont consacré, sans intervalle, cinquante-neuf séances, mais avec une si auguste circonspection, que les regards curieux de toute une grande ville, extrêmement échauffée sur cette affaire, n'ont rien pu saisir de l'opinion des juges avant l'arrêt du 21 juillet.

Sans y être invités, et de leur plein gré, les

plus habiles jurisconsultes de ce Parlement se sont empressés de traiter la matière agitée au Palais, mais avec un désintéressement, une profondeur et des lumières qui font le plus grand honneur au barreau de cette ville, et qui serviront sans doute à l'avenir de documents sur l'importante question du faux.

Pendant ce temps, toute la Provence examinait avec attention l'active ardeur du comte de la Blache à épuiser tous les moyens de donner à ses prétentions les couleurs les plus favorables. On admirait surtout le parfait contraste entre la vivacité, la multiplicité de ses démarches, et le travail solitaire, le silence et la retraite profonde où j'ai vécu pendant tout le temps qu'a duré l'instruction.

Ennemi juré des sollicitations de juges, toujours plus fatigantes pour eux qu'instructives pour les affaires, si j'en ai paru porter l'éloignement trop loin dans cette occasion, je dois compte en peu de mots de mes motifs.

Il s'agissait ici pour moi beaucoup moins d'un argent disputé que de mon honneur attaqué. Si j'avais imité mon adversaire, qui ne quittait jamais la maison d'un juge que pour en aller entreprendre un autre, on n'eût pas manqué de m'accuser d'étayer mon droit à l'oreille, et dans le secret des cabinets, par l'influence d'un crédit que je n'ai point, et dont il eût été lâche à moi d'user si je l'avais eu.

Respectant donc l'asile et le repos de chacun, j'ai supplié la cour de m'accorder une seule audience devant les magistrats assemblés, les pièces du procès sur le bureau, pour que tous pussent, en m'écoutant, juger à la fois l'homme et la chose, se concerter ensuite, et former l'opinion générale d'après l'effet que ce plaidoyer à huis-clos aurait produit sur chacun d'eux.

Cette façon d'instruire un grand procès, messieurs, ai-je dit, me paraît la plus prompte, la plus nette, la plus décente de toutes. Elle convient surtout à la nature de mes défenses : alors ne craignant pas d'être taxé d'y employer d'autres moyens que ceux qui sortent du fond même de l'affaire, j'espère y remplir honorablement ce que je dois à l'intérêt de ma cause, à l'instruction de mes juges et au respect de l'auguste assemblée. Mais une pareille faveur ne doit pas être exclusive. Elle est, si je l'obtiens, acquise de droit à mon adversaire, et quoiqu'il ait déjà pris à cet égard tous ses avantages sur moi, je la demande pour nous deux, en lui laissant le choix de parler avant ou après moi, selon qu'il lui conviendra le mieux.

Ma demande me fut accordée.

A l'appui de deux mémoires fort clairs, mais véhéments, que les plus outrageantes provocations m'avaient arrachés, j'ai parlé cinq heures trois quarts devant les magistrats assemblés. Le comte de la Blache a plaidé le lendemain lui-même aussi longtemps qu'il l'a cru nécessaire à ses intérêts.

Enfin, après avoir bien étudié l'affaire, nous avoir bien lus, bien entendus, la cour, pour dernière des cinquante-neuf séances dont j'ai parlé, a passé la journée entière du 21 juillet à délibérer et à former son arrêt, dont le prononcé, *tout d'une voix*, déboute le comte de la Blache de l'entérinement de ses lettres de rescision, de ses appels, de toutes ses demandes et prétentions contre moi, ordonne l'exécution de l'acte du 1er avril 1770 dans toutes ses parties, le condamne en tous les frais et dépens, supprime tous ses mémoires en première, seconde instance, ceux aux conseils, au parlement d'Aix, en un mot tous ses écrits; et le condamne en douze mille livres de dommages et intérêts envers moi, tant pour saisies, actions, poursuites tortionnaires, que pour RAISON DE LA CALOMNIE.

On peut me pardonner si j'avoue, pour cette

fois seulement, que l'odieux substantif *calomnie* a pu plaire à mon cœur et flatter mon oreille. Ce mot énergique dans un arrêt si grave et tant attendu, est le prix mérité de dix ans de travaux et de souffrances.

Le soir même, allant remercier M. le premier président, j'appris de lui que la cour, en me rendant une aussi honorable justice, avait désapprouvé la véhémence de mes deux derniers écrits; qu'elle les avait supprimés, et m'en punissait par une somme de mille écus, en forme de dommages et intérêts, applicables aux pauvres de la ville, du consentement de M. de la Blache.

Si les magistrats, Monsieur, ai-je répondu, n'ont pas jugé qu'en un affreux procès, par l'issue duquel un des contendants devait rester enseveli sous le déshonneur d'une atroce *calomnie*, ou l'autre sous celui d'un *faux* abominable, il fût permis à l'offensé de s'exprimer sans ménagement après dix ans d'outrages continuels, ce n'est pas à moi de blâmer la sagesse de ses motifs. Mais, dans la joie d'un arrêt qui élève mon cœur et le fait tressaillir de plaisir, j'espère que la cour ne regardera point comme un manque de respect si j'ajoute aux mille écus ordonnés pour les pauvres une pareille somme volontaire en leur faveur, pour qu'ils remercient le ciel de leur avoir donné d'aussi vertueux magistrats.

Ma demande m'a été accordée.

Dès le lendemain de l'arrêt, M. le comte de la Blache a imploré la médiation de ces mêmes magistrats, pour m'engager à consentir, sans retard et sans autres frais, à l'exécution amiable de cet arrêt, *auquel il acquiesçait volontairement.*

J'ai cru qu'un pareil acquiescement, donnant une nouvelle sanction à l'arrêt, méritait de ma part des condescendances pécuniaires de toute nature.

En conséquence, et bien assuré que le subs-

tantif *calomnie*, que cet écriteau, trop fière-
ment peut-être annoncé dans mes mémoires,
était pourtant consigné dans le *dictum* de
l'arrêt, comme un coin vigoureux dont l'empreinte ineffaçable attestait mon honneur, et
fixait la nature des torts de mon adversaire,
j'ai fait le sacrifice d'un capital de soixante-
quinze mille livres que je pouvais toujours
garder à quatre pour cent. J'ai passé sans examen à huit mille livres des frais qui, réglés
strictement, m'en auraient fait rentrer plus
de vingt. J'ai donné les termes de trois et six
mois sans intérêts au comte de la Blache, qui
les a demandés, pour s'acquitter envers moi
des adjudications de l'arrêt ; et pour tout dire
en un mot, ne me rendant rigoureux que sur
le grand portrait de M. Duverney, que j'ai
exigé de la main du meilleur maître au jugement de l'académie, j'ai remis mon blanc-seing
aux respectables conciliateurs, et la négociation s'est terminée par une quittance générale
de moi, dictée par eux et *conçue en ces termes :*

J'ai reçu de M. le comte de la Blache la somme de
soixante-dix mille six cent vingt-cinq livres, à quoi
ont été réglées, par la médiation de MM. *de la Tour*,
premier président, *de Ballon* et *de Beauval*, conseil-
lers au Parlement, toutes les adjudications que j'ai à
prétendre contre lui en vertu de l'arrêt du Parlement
de Provence, rendu en ma faveur le 21 du courant.
Lesdites soixante-dix mille six cent vingt-cinq livres
provenant, SAVOIR : quinze mille livres pour solde de
l'arrêté de compte du 1er avril 1770, entre feu M. Pàris
Duverney et moi ; cinq mille six cent vingt-cinq livres
pour intérêts desdites quinze mille livres, courus depuis le jour de la demande jusqu'à ce jour ; douze
mille livres pour les dommages et intérêts à moi ad-
jugés par le susdit arrêt ; huit mille livres, à quoi ont
été fixés et amiablement réglés, les dépens que j'ai
faits, tant aux requêtes de l'hôtel qu'à la commission
intermédiaire de Paris et au conseil du roi, jusqu'à
l'instance renvoyée au Parlement de Provence ex-
clusivement ; et finalement trente mille livres pour

les intérêts au denier vingt, pendant huit années, des soixante-quinze mille livres que M. Pâris Duverney s'était obligé, par le susdit arrêté de compte du 1er avril 1770, de m'avancer, sans intérêts, pendant lesdites huit années ; optant, au moyen de ce, pour ne pas recevoir lesdites soixante-quinze mille livres que j'aurais pu, aux termes dudit arrêté de compte, exiger et garder à constitution de rente au denier vingt-cinq, après lesdites huit années expirées, sous la condition néanmoins, et non autrement, que M. le comte de la Blache fera son affaire propre et personnelle des droits que M. Pâris de Meziéu peut avoir sur lesdites soixante-quinze mille livres, en vertu du susdit arrêté de compte; auxquels droits je n'entends nuire ni préjudicier, et que M. le comte de la Blache me relèvera et garantira de toute recherche à cet égard, pour laquelle garantie je me réserve tous mes droits d'hypothèque résultants du susdit arrêt du Parlement de Provence. Le susdit payement de soixante-dix mille six cent vingt-cinq livres m'ayant été fait en deux billets à ordre de M. le comte de la Blache : le premier, de quarante mille six cent vingt-cinq livres, payable par tout le mois d'octobre prochain, et le second de trente mille livres, payable par tout le mois de janvier 1779, pour lesquels termes je lui ai prorogé lesdits payements, sans entendre néanmoins déroger à mes droits, que je me réserve au contraire de faire valoir en vertu du susdit arrêt du Parlement de Provence, à défaut d'acquittement des susdits billets à leur échéance, sans laquelle condition je n'aurais pas consenti à ladite prorogation; et au moyen de tout ce que dessus, ledit arrêt se trouvera pleinement exécuté par mondit sieur comte de la Blache; à la réserve de la rémission du grand portrait de M. Duverney, qui me sera faite à Paris, en conformité dudit arrêté de compte, 1er avril 1770, lequel portrait sera de la main des meilleurs maîtres, au jugement des connaisseurs : et au cas que M. le comte de la Blache n'en ait point en son pouvoir de la qualité ci-dessus, il sera obligé de le faire copier sur un bon modèle, par le plus habile peintre de Paris; et à la réserve encore que M. le comte de la Blache me remettra toutes les lettres relatives à la recommandation dont la famille royale m'avait honoré auprès de mondit sieur Pâris Duverney; laquelle rémission me sera également faite à Paris. A l'égard de tous les

frais faits au Parlement de Provence, je reconnais
qu'il m'a été présentement payé par mondit sieur
comte de la Blache la somme de six mille trois cent
soixante-quatorze livres dix sous, à quoi se sont trouvés monter lesdits frais suivant la taxe qui en a été
faite, pour raison de tous lesquels frais je quitte et
décharge mondit sieur comte de la Blache.

Fait à Aix, le 31 juillet 1778.

Signé : CARON DE BEAUMARCHAIS.

Ensuite est écrit de la main du comte de
la Blache :

*Pour duplicata, dont j'ai l'original en main. A
la Roque, ce 31 juillet 1778.*

Signé : FALCOZ, COMTE DE LA BLACHE.

Avec parafe.

MÉMOIRE

DE P.-A. CARON DE BEAUMARCHAIS

EN RÉPONSE AU LIBELLE DIFFAMATOIRE SIGNÉ GUIL-
LAUME KORNMAN, DONT PLAINTE EN DIFFAMATION
EST RENDUE, AVEC REQUÊTE A M. LE LIEUTENANT
CRIMINEL, ET PERMISSION D'INFORMER.

Première partie

Pressé par les circonstances de publier ma
justification sur les atrocités qui me sont im-
putées dans un libelle signé *Guillaume Kornman*, et depuis, avoué de lui, j'ai fait en quatre nuits l'ouvrage de quinze jours.

Dans cette partie de ma défense je n'emploierai pas de longs raisonnements à repousser des injures grossières; le temps est trop
précieux pour le perdre à filer des phrases :
j'opposerai des preuves claires et concises à
des inculpations vagues et calomnieuses.

Je dois repousser fortement les quatre chefs
suivants :

1° D'avoir concouru avec chaleur à faire accorder à une infortunée la liberté conditionnelle d'accoucher ailleurs que dans une maison de force, où elle courait le danger de la
vie ;

2° D'avoir examiné sévèrement une grande
affaire qui tournait mal, à la sollicitation des
personnes les plus considérables qui avaient
intérêt et *qualité* pour en vouloir être bien instruites ;

3° De m'être opposé, dit-on, par toutes sor-

tes de moyens, au rapprochement de la dame
Kornman avec son mari;

4° Enfin d'avoir ruiné les affaires de celui-
ci en le diffamant partout.

Les deux premiers chefs, je les avoue et je
m'en honore hautement; je prouverai que j'ai
dû me conduire ainsi. Je nie les deux derniers; j'ai fait le contraire de l'un, je prouverai la calomnie de l'autre.

FAITS JUSTIFICATIFS DU PREMIER CHEF.

« Avez-vous concouru avec chaleur à faire
accorder à une infortunée la liberté conditionnelle d'accoucher ailleurs que dans un maison
de force, où elle courait le danger de la vie? »

Oui, je l'ai fait; et voici mes motifs.

Au mois d'octobre 1781, je ne connaissais
pas même de vue la dame Kornman; je savais seulement, comme tout le monde, que son
mari l'avait fait mettre dans une maison de
force en vertu d'une lettre de cachet.

Un jour que je dînais chez madame la princesse de Nassau Siéghen avec plusieurs personnes, on nous peignit la détention et la
situation de la dame enfermée avec des couleurs si terribles, que cet événement fixa l'attention de tout le monde. Le prince et la princesse de Nassau surtout paraissaient fort tou-
chés de son malheur, et voulaient s'employer,
disaient-ils, à lui faire obtenir sa liberté. Touché moi-même du récit et de cette noble compassion, je les louai de leur dessein; ils me
prièrent d'y joindre mes efforts, ajoutant qu'un
tel service était digne de mon courage et de
ma sensibilité. Je m'en défendis par des raisons
de prudence. Ils me pressèrent, je résistai en
alléguant (ce qui est vrai) que je n'avais jamais fait une action louable et généreuse
qu'elle ne m'eût attiré des chagrins. Quelqu'un

Invite alors un magistrat du Parlement, qui
était présent, à montrer à la compagnie le
mémoire que cette malheureuse femme avait
composé seule au fond de sa prison, et qu'elle
avait trouvé moyen de faire parvenir à M. le
président de Saron, avec autant de lettres qu'il
y avait de magistrats à la chambre des vaca-
tions. Voici cette requête touchante :

MÉMOIRE

ADRESSÉ A M. LE PRÉSIDENT DE SARON PAR LA DAME
KORNMAN, NÉE FAESCH (1).

Je suis née à Bâle, en Suisse ; j'ai été élevée dans
la religion protestante réformée.

A l'âge de treize ans, j'étais orpheline de père et de
mère ; à celui de quinze, mes parents m'ont fait épouser, en 1774, le sieur Kornman, Alsacien, et de la religion luthérienne.

Mon mariage a été célébré dans le canton de Bâle,
suivant les lois civiles et ecclésiastiques de cette ville.

Je ne connaissais pas le sieur Kornman ; je témoignai quelque répugnance, on m'assura que je serais
très-heureuse, que c'était un bon parti ; je me rési-
gnai.

J'ai apporté à mon mari 360,000 livres de dot, qu'il
a touchées ; j'ai été avantagée en outre de 60,000 livres. Mon mari s'est obligé encore de faire un état de
ses biens, dont la moitié doit m'appartenir, en cas
qu'il vienne à mourir.

Un de mes parents m'a dit, il y a un an, que cette
clause n'avait pas été remplie, et m'en a marqué du
mécontentement. Mais comme je ne me connais pas en
affaires d'intérêt, j'ai toujours négligé ce point.

Mon mari m'a proposé de lui faire, par écrit sous
seing privé, une donation de tous mes biens ; je lui
ai fait cet écrit dans les commencements de notre mariage : il m'en a fait un pareil, qu'il a retiré sans
me rendre le mien ; je l'ai annulé de mon propre
ouvement, le 25 juillet dernier.

(1) La famille Faesch est une des premières de Bâle

Je suis mère de deux enfants, et grosse de quatre mois du troisième. Notre union a été très-mal assortie : j'ai été fort malheureuse : et j'ai longtemps souffert avec patience et douceur.

Il y a deux ans que ces orages ont été plus fréquents et plus violents. Comme le divorce est permis dans mon pays et dans ma religion, j'ai écrit, il y a un an, à mes parents collatéraux que je voulais briser ma chaîne.

On a cherché à m'adoucir ; un frère utérin que j'ai est venu à Paris le mois de mai dernier, il a cherché à pacifier ces troubles : c'est l'époque de ma grossesse.

Au bout de quelque temps qu'il a été parti, mon mari a recommencé ses persécutions et a passé toutes les bornes.

Je me suis plainte de mon côté, et je me suis occupée d'obtenir, dans les tribunaux (en me séparant de mon mari), le repos que les conciliations n'avaient pu me procurer.

Mon mari, craignant sans doute l'effet de ces démarches, a cherché à les prévenir par l'autorité.

La nuit du 3 au 4 août, deux hommes se sont présentés à moi, et m'ont dit que M. le lieutenant de police désirait me parler.

Je témoignai quelque surprise du message à une heure aussi indue; ne pouvant cependant imaginer aucune violence, je m'habillai pour suivre les deux inconnus.

Je marquai de l'étonnement de ne point trouver ma voiture et mes gens. On me représenta que c'était pour prévenir des interprétations de leur part ; que je rentrerais tout de suite; que c'était pour m'expliquer avec mon mari devant le magistrat; je me rendis : on fit approcher un fiacre, où je trouvai un troisième personnage. Je m'aperçus qu'on prenait une autre route que celle de l'hôtel de la police; je demandai pourquoi? on me répondit encore que le magistrat, craignant que je ne fusse vue de ses gens, avait, par délicatesse, cru devoir me parler en maison tierce.

Je me payai de cette raison; j'arrivai dans une cour: on me fit entrer dans une salle au rez-de-chaussée; et l'homme aux expédients, quittant l'anonyme et sa feinte, me demanda pardon de la supercherie; me dit qu'il était exempt de police, et que j'eusse à rester par l'ordre du roi dans le lieu où j'étais.

Je ne puis rendre compte de ce qui s'est passé le reste de cette nuit et les trois premiers jours qui l'ont suivie; je me suis évanouie plusieurs fois; j'ai eu le transport. Un homme est venu me parler, m'interroger, me faire signer : ma tête n'était pas à moi : et je n'ai qu'un souvenir confus.

Je vis M. le lieutenant général de police, qui m'a paru me marquer de l'intérêt. Mes idées s'étant calmées, j'ai appris que j'étais rue de Bellefonds, au château de Charolais, dans une maison de force régie par deux femmes nommées Lacour et Douai ; qu'on y renfermait des folles et des femmes prostituées.

On m'a ôté ma femme de chambre pour m'en donner une du lieu, chargée sans doute du soin de m'espionner.

On m'assure que je suis traitée extraordinairement : quoique accoutumée à l'aisance, je ne me plaindrais pas des privations physiques que j'éprouve dans mon état, et qui influent sur ma santé et sur le fruit que je porte dans mon sein.

J'avais été avertie que mon mari machinait contre moi : on m'avait dit même que des gens avec qui il m'avait fait dîner étaient des espions de la police, quoiqu'il les eût annoncés pour des négociants arrivant des grandes Indes.

Le 25 juillet, je fis deux procurations, dont une pour M. Silvestre, avocat aux conseils, qu'on m'avait indiqué comme un honnête homme, à l'effet de veiller à mes intérêts, et de prévenir quelques manœuvres contre moi; j'avoue que je regardais cette précaution comme superflue, ne pouvant imaginer que le gouvernement se mêlât de mes querelles avec mon mari, et qu'on me ravirait l'honneur, la liberté, mes enfants, peut-être ma fortune, sans m'entendre, quoiqu'il y ait des tribunaux.

Depuis ce moment, j'ai sans cesse demandé à parler à mon avocat; je n'ai pu l'obtenir; je n'ai vu que mon frère, jeune homme âgé de vingt ans, qui, instruit de mon malheur, est venu d'Allemagne à Paris. C'est par lui que j'ai pu avoir quelques renseignements sur la conduite que j'avais à tenir; c'est par lui que j'ai pu faire passer quelques lettres pour instruire mon avocat de mon sort, le prier d'agir pour me tirer de ce gouffre.

Je n'ai point reçu de réponse; on a cherché à intimider mon frère, et on est parvenu à le faire repar-

tir, dans la crainte qu'il me secourût. J'ai demandé
s'il n'y avait pas de juges que je puisse implorer. Il
m'a dit que le Parlement était en vacance; il m'a remis une liste imprimée, et j'ai imaginé d'écrire à
toutes les personnes de cette liste pour demander justice et appui.

Je n'ai rien commis contre l'État; je demande qu'on
s'informe de la société qui venait chez moi, si j'ai
mérité, par ma conduite, d'être mise dans un lieu de
prostitution, où je manque de tout, moi, qui tenais un
rang dans le monde, qui ai apporté une fortune con-
sidérable, et qui ai toujours vécu dans l'abondance.

Je suis instruite que mon mari craint que je ne re-
demande mon bien : on dit que ses affaires sont sur-
chargées par les grandes entreprises dans lesquelles
il s'est intéressé, entre autres dans une aux Quinze-
Vingts. Il est triste de perdre ma liberté, parce que
ma fortune périclite.

Sa conduite postérieure m'annonce la vérité de ces
conjectures. Après m'avoir diffamée de la manière la
plus cruelle, il parle de revivre avec moi : la cupidité
seule ou l'impossibilité de justifier de mon bien peut
lui faire mépriser jusqu'à ce point la délicatesse et
l'honneur.

Quoi qu'il en soit, je supplie respectueusement nos-
seigneurs d'avoir pitié d'une jeune femme étrangère,
sans expérience, ne connaissant ni les usages ni les
lois ; je mets sous leur protection ma vie et celle de
l'enfant que je porte dans mon sein ; car je dois tout
craindre après ce que j'ai souffert. Si mon mari croit
avoir le droit de me traiter aussi barbarement, pourquoi fuit-il les regards de la justice pour me persé-
cuter ténébreusement? Après m'avoir tout ravi, il a
été tranquillement se promener à Spa, pour ses plaisirs; et je n'ai pu encore parler à mon avocat. Mon
âge, mon sexe, mon état, méritent quelque indul-
gence : je supplie qu'on me donne les moyens de me
défendre, de m'arracher de cet odieux séjour. Ma
qualité d'étrangère, la religion que je professe, les
lois sous lesquelles j'ai été mariée, devaient empêcher
qu'on me ravit ainsi ma liberté. Je demande justice
et protection : et si la confiance que j'ai en la démarche que je fais n'est pas trahie, je les obtiendrai. Ma
reconnaissance égalera mon respect pour mes libéra-
teurs.

Signé : F. KORNMAN, née FAESCH.

Copie de la lettre écrite à MM. les Conseillers de la Chambre des Vacations.

Paris, au château de Charolais, rue de Bellefonds, octobre 1781.

MONSIEUR,

J'ai pris la liberté d'adresser un mémoire à M. le président de Saron, et l'ai supplié d'en faire la lecture à messeigneurs. Son contenu vous apprendra mes malheurs, et le secours que j'ose attendre de votre justice et de votre bonté. Je les implore avec la plus vive confiance; ma reconnaissance égalera les sentiments respectueux avec lesquels j'ai l'honneur d'être,

Monsieur,

Votre, etc.

Signé : F. KORNMAN, née FAESCH.

A la lecture de cette requête si simple et si touchante, je dis : Messieurs, je pense comme vous; ce n'est point là l'ouvrage d'une méchante femme, et le mari qui la tourmente est bien trompé sur elle, ou bien méchant lui-même, s'il n'y a pas ici des choses qu'on ignore. Mais malgré l'intérêt qu'elle inspire, il serait imprudent de faire des démarches pour elle avant d'être mieux informé. Alors, dans le désir de me subjuguer tout à fait, un de ses zélés défenseurs, je ne sais plus lequel, me remit un paquet de lettres du mari de cette dame, écrites à l'homme qu'il accusait de l'avoir corrompue. Je passai sur une terrasse, où je les lus avidement. Le sang me montait à la tête. Après les avoir achevées, je rentre, et dis avec chaleur : Vous pouvez disposer de moi, messieurs ; et vous, princesse, me voilà prêt à vous accompagner chez M. Le Noir, à plaider partout vivement la cause d'une infortunée punie pour le crime d'autrui. Disposez entièrement de moi. Je ne connais du mari que le désordre de ses affaires, et je vous apprendrai comment. Je n'ai

jamais vu sa malheureuse femme; mais après
ce que je viens de lire, je me croirais aussi
lâche que l'auteur de ces lettres, si je ne con-
courais de tout mon pouvoir à l'action généreuse que vous voulez entreprendre. Mes amis
m'embrassèrent, et j'allai, avec la princesse
de Nassau, chez M. Le Noir, où je plaidai
longtemps pour notre prisonnière. Je ne crains
d'offenser personne en l'appelant ainsi, *la nô-
tre*. Ah! chacun l'avait adoptée! De là je partis pour Versailles, et n'ai pas eu de bon repos que je n'aie obtenu des ministres que
l'infortunée n'accoucherait pas, ne périrait
pas dans la maison de force où l'intrigue l'a-
vait jetée.

Pour justifier la chaleur que j'ai mise à
toutes mes sollicitations, je dois transcrire ici
les lettres du mari comme j'ai transcrit plus
haut la requête de la femme. Mon bonheur
veut qu'après les avoir employées dans le
temps à ouvrir les yeux des ministres sur
l'homme qui les avait trompés, elles me
soient restées dans les mains, qu'on ne me
les ait pas reprises! Il est vrai que depuis six
ans ce Kornman est dans la boue, et que sa
levée de boucliers, aussi lâche qu'injurieuse,
était bien loin d'être prévue! Mais s'il est un
seul homme, après avoir lu ces lettres, qui ne
dise pas : j'en aurais fait autant que Beaumarchais, je ne pourrais estimer cet homme-
là.

Non, ne transcrivons point sèchement ces
étranges lettres : soyons courts, mais pas en-
nuyeux : opposons-les, date par date, aux
narrations du libelle que j'attaque, aux jéré-
miades hypocrites qui en accompagnent les
récits : déterminons surtout les époques où
elles concourent avec les lettres.

C'est vous seul que j'attaque, monsieur Guillaume Kornman. Vous m'avez, non pas in-

culpé, mais vous m'avez injurié. Vous avez
armé contre moi mille gens assez légers pour
prendre parti dans votre affaire sans y penser qu'un homme audacieux peut tout oser
impunément aussi longtemps qu'il parle seul.
Vous me forcez de me justifier; je vais le
faire sans humeur. N'étant point appelé à défendre votre malheureuse femme de l'accusation d'adultère dont vous la flétrissez; moins
encore à disculper celui que vous nommez son
séducteur, c'est vous seul que je vais discuter pour le maintien de mon honneur : il
m'importe ici de le faire, avant de dire un mot
de moi.

Parcourons donc votre libelle, que vous ap-
pelez un mémoire.

Vous convenez (page 6) que votre femme
s'est conduite avec vous pendant six ans
d'une manière exemplaire, et vous fixez l'époque de ses désordres (pour user un moment
de vos termes) à la connaissance que vous lui
fites faire d'un sieur Daudet de Jossan, en
1779.

M. le baron de Spon, premier président de
Colmar, vous avertit, dites-vous, (page 6),
« que le sieur Daudet était un personnage
très-dangereux.... qu'aucun principe d'honnêteté publique et particulière n'arrêtait dans
l'exécution de ses desseins. » (Bon Kornman,
vous voilà prévenu. S'il vous arrive malheur,
ce sera bien votre faute!) Et cependant vous
le reçûtes chez vous (page 8), « et vous lui
rendîtes quelques services en considération de
la protection très-publique dont M. le prince
de Montbarrey daignait l'honorer. » Cela est
bien généreux, mais en même temps bien imprudent, puisque le changement de conduite
de votre femme vous indiquait déjà (page 8)
le commencement d'une liaison entre elle et
lui. Insensiblement votre santé s'en altéra

(page 8). Vous fûtes à Spa pour la rétablir.
Mais, homme attentif, en partant « vous sup-
pliâtes votre épouse d'ouvrir les yeux sur l'a-
bîme qui s'ouvrait sous ses pas. Vous la sup-
pliâtes de ne pas se livrer davantage à un
homme sans morale, et qui avait moins une
véritable passion pour elle que le besoin de
tirer parti pour sa fortune de la complice de
ses égarements. »

Cela est très-prudent de votre part. Mais
que veut dire une lettre de vous que j'ai en
ce moment sous les yeux ? lettre écrite en arrivant aux eaux à cet homme suspect dont
les liaisons avec votre femme avaient altéré
votre santé, contre lequel vous aviez cru devoir la mettre en garde à votre départ : cette
lettre rentre si parfaitement dans les idées
que vous nous faites prendre de votre éloignement pour lui, que j'en veux donner des
fragments.

Adresse de la lettre.

*A M. Daudet de Jossan, syndic royal de la ville
de Strasbourg, à la Chaussée-d'Antin, à Paris.*

Avec le timbre de la poste (1).

Spa, le 12 juillet 1780.

« Je croirais manquer à l'amitié que vous m'avez
toujours témoignée, MON CHER SYNDIC ROYAL, si je ne
vous donnais des nouvelles de mon arrivée au lieu
de ma destination. J'ai fait le plus de diligence possible, afin de pouvoir VOUS REJOINDRE LE PLUS TÔT POS-
SIBLE, pour me rendre en Alsace. Ma foi, il était temps
que je m'en aille de la rue Carême-Prenant. » (Demeure du sieur Kornman à Paris.) Je supprime ici
quelques détails oiseux. Mais, lui parlant de votre

(1) Je préviens que toutes ces lettres, écrites et signées du mari, parafées dans le temps par la femme, et contrôlées depuis, sont déposées au greffe, afin
que Guil... Korn... soit forcé de les reconnaître, ou
les nie à son grand péril.

femme, vous ajoutez : « ET COMME ELLE N'A PAS D'EXPÉRIENCE POUR SE CONDUIRE, EMPÊCHEZ-LA, MON CHER, DE FAIRE QUELQUE SOTTISE MAJEURE ; et tâchez de la faire sortir de la dépendance des domestiques, en lui persuadant que l'on paye leurs complaisances passagéres fort cher, dont cette espèce de gens sait toujours tirer parti. Je vous envoie UNE PETITE LETTRE POUR MA FEMME, que je vous serai obligé DE LUI REMETTRE... ADIEU, MON CHER... vous aurez encore de mes nouvelles avant votre départ pour l'Alsace. JE VOUS EMBRASSE, ET SUIS, AVEC LES SENTIMENTS DU PLUS INVIOLABLE ATTACHEMENT, TOUT A VOUS.

» *Signé* : G. KORNMAN. »

Me trompé-je en lisant? Est-ce bien vous, monsieur Kornman, qui mettez votre femme sous la direction de cet homme sans honneur et sans mœurs, qui ne feint de l'aimer que pour la dépouiller? Donnons encore quelques fragments d'une autre lettre de Spa, et toujours au même homme. Elle vient à l'appui de la première.

A M. Daudet de Jossan, etc. (Même adresse et même timbre.)

De Spa, ce 19 juillet 1780 (cinq jours après la précédente)

Après des compliments affectueux au *cher ami*, on lit :

Je suis fâché de ne pas être à Paris pour y recevoir M. votre frère ; je souhaite qu'il puisse vous engager à différer votre départ pour l'Alsace, AFIN QUE JE PUISSE VOUS Y JOINDRE ; il est vrai que je vous en ai donné ma parole, et vous pouvez compter que je l'effectuerai, à moins que je n'aille dans l'autre monde, cas auquel vous voudrez bien m'excuser de n'avoir pas tenu ma promesse. *Si nous pouvions faire le voyage de l'Alsace ensemble, cela serait plus gai*; d'un autre côté, votre absence de Paris à Versailles pourrait peut-être préjudicier *à nos spéculations projetées*; enfin, vous verrez à faire pour le mieux, et vous ne devez pas douter *du plaisir que j'aurai* de me trouver en Al-

sace avec vous; *il ne dépendra que de ma femme,
d'être de la partie* ; mais pour lors il ne faudra pa
que je fasse le voyage avec un désagrément continuel, ma santé ne le supporterait plus ; je crois avoir
fait tout ce qui était raisonnable ; mais tout a ses
bornes, je ne puis plus rien lui dire. Elle n'est plus
une enfant, et c'est à elle à se faire estimer du public
et de son mari ; *pour le reste, elle sera la maîtresse
de faire ce qu'elle veut;* je n'aurai jamais la sotte ma-
nie de gêner le goût et l'inclination de personne,
trouvant que de toutes les tyrannies la plus absurde
est celle de vouloir être aimé par devoir ; outre que
c'est une impossibilité, on ne commande pas au sentiment le plus doux ; *partant de ce principe, on peut
très-bien vivre ensemble, ne pas s'aimer, mais s'estimer,* avoir de bons procédés qui prouvent toujours
de la réciprocité de la part d'une âme honnête. Je
crois que ce que j'exige n'est pas injuste ni difficile
dans la pratique, *et je le soumets à vos réflexions,* etc.

Signé : Kornman.

Ainsi vous soumettez aux réflexions de
votre odieux rival le dessein où vous êtes de
laisser à votre jeune femme toute liberté d'aimer un autre homme ; cependant vous croyez
savoir que c'est cet homme-là qu'elle aime !

Quatre ou cinq lettres suivantes sont du
même style.

Eh quoi ! Monsieur, vous n'écrivez pas même
en droiture à votre femme ? Il faut que ce
soit votre ennemi qui lui remette vos lettres ?
Vous l'en priez ? Vous étouffez d'embrasse-
ments le corrupteur qui l'a perdue ou la perdra ? Vous caressez ce monstre qui vous a
forcé de recourir aux eaux de Spa pour rétablir votre santé, qu'une juste jalousie délabre !
« Et comme ma femme n'a pas assez d'expérience pour se conduire, empêchez-la, mon
cher, de faire quelque sottise majeure. » Prenez garde, monsieur Kornman ! On dira que
vous prescrivez à deux amants de mettre de
la décence dans une intrigue approuvée de
vous ! Prenez garde ! On dira que vous sou-

mettez votre femme à l'expérience d'un corrupteur habile, pour qu'elle apprenne de lui
la manière de conduire sans scandale une intrigue d'amour ! Prenez garde! Mais revenons
vite au libelle : ces rapprochements sont précieux.

(Page 9):

Mes remontrances furent inutiles: de retour des
eaux de Spa, j'apprends qu'en mon absence la dame
Kornman a tenu la conduite la moins mesurée! que
le sieur Daudet lui a fréquemment assigné des rendez-vous chez lui; et qu'il s'y est passé des scènes
d'une espèce assez étrange pour que le voisinage en
ait été scandalisé, etc.

Maintenant que vous êtes instruit de tout
par des rapports aussi fidèles, j'espère, ô
Kornman! que la colère et l'indignation vont
vous faire éclater, ou qu'au moins toutes liaisons entre un homme audacieux et vous sont
finies; et qu'enfin votre dernière lettre à cet
abandonné (si même vous croyez devoir lui
défendre ainsi votre porte) est bien sévère ! Il
faut la lire et la comparer avec la page 9 du
libelle, citée plus haut; à cette époque, vous
lui écriviez :

A M. Daudet de Jossan, à Strasbourg, etc. (Il
était parti pour Strasbourg.)

De Paris, le 19 août 1700.

J'espère, *mon cher ami,* que la lettre que j'ai eu *le
plaisir* de vous adresser de Bruxelles vous sera bien
parvenue; la vôtre, que vous *m'aviez fait l'amitié*
de m'adresser à Spa le 7 de ce mois, m'a été renvoyée
ici ; *je suis charmé* d'avoir prévenu vos intentions,
en hâtant mon retour; je n'ai pas manqué de me
rendre de suite chez M. le comte de Brancion, qui
m'a mis au fait du projet dont il était question; l'affaire me paraît belle; il ne s'agit que de la certitude
de se procurer les fonds nécessaires pour ne pas rester en chemin lorsque l'opération sera commencée.

Je m'occupe à venir vous joindre pour nous concerter là-dessus. (*Ici sont des détails d'affaires.*)

J'ai mille choses à régler avant mon départ, que je compte effectuer vers la fin de la semaine prochaine. Je crois que ma femme est intentionnée de faire ce petit voyage, mais elle n'a guère fait de préparatifs pour cela. Lorsque cela sera bien décidé, *je ne manquerai pas de vous en faire part.* En attendant le plaisir de vous voir, je vous embrasse de tout mon cœur, et suis, *sans réserve,* tout à vous.

Signé : KORNMAN.

Quel étonnant commerce ! *J'espère, mon cher ami, que la lettre que j'ai eu le plaisir de vous adresser de Bruxelles, etc.!* O vertueux Kornman ! époux délicat, père tendre ! l'homme qui corrompait tout chez vous était votre *cher ami! Je suis charmé d'avoir prévenu vos intentions en hâtant mon retour.* Ainsi vous aviez mis dans ses mains non-seulement la direction des plaisirs secrets de votre femme, mais encore il vous faisait marcher suivant ses intentions ! et afin qu'il ne pût douter que la vôtre était de lui mener votre épouse à Strasbourg, vous le lui assuriez en finissant votre lettre : *Je crois que ma femme est intentionnée de faire ce petit voyage : mais elle n'a guère fait de préparatifs pour cela. Lorsque cela sera bien décidé* JE NE MANQUERAI PAS DE VOUS EN FAIRE PART. Ainsi, vertueux Guillaume! elle n'est pas encore décidée ; mais l'homme abandonné qui la perd vous aura cette obligation ! et pour qu'il sache même que c'est à bonne intention de votre part, vous finissez ainsi la lettre : *En attendant le plaisir de vous voir, je vous embrasse de tout mon cœur, et suis* SANS RÉSERVE *tout à vous.*

Sans *réserve,* Messieurs, vous l'entendez! En effet, vous verrez bientôt l'étendue d'amitié, ce que ce grand mot renferme.

Reprenons ici le libelle.

(Page 9) :

Cependant le sieur Daudet se rendit à Strasbourg pour y remplir les fonctions de syndic adjoint de M. Gérard.

La dame Kornman, qui ne pouvait plus se séparer de lui, désira de faire un voyage à Bâle... Strasbourg est sur la route de Bâle ; je n'eus donc pas de peine à deviner le vrai motif de sa demande, etc.

(Et cependant vous l'y meniez, Guillaume.)

Il faut lire dans le mémoire même tout le pathos de cette page, et de quel style le vertueux époux apprenait en route à sa jeune épouse (p. 9) comment « tous les faux plaisirs qui nous ont occupés passent et s'effacent ; comme il importe pour les derniers jours de notre existence, si fugitive et si courte, de se ménager une conscience sans remords. » Et tout le reste du paragraphe digne de figurer au style près, à côté de...

Laurent, serrez ma haire avec ma discipline.

Cependant ce vertueux époux venait d'écrire en partant à son plus terrible ennemi, à son redoutable rival, deux lettres du 24 et du 25 août ; la première commence ainsi :

A M. Daudet de Jossan, etc.

Paris, le 24 août 1784.

J'ai été charmé, MON CHER AMI, d'apprendre, par la lettre que vous m'avez fait l'amitié de m'adresser, que vous soyez heureusement arrivé à Strasbourg. (*Je supprime les détails étrangers à mon objet.*) J'ai fait deux fois ma cour à madame de Montbarrey et madame de Nassau, qui m'ont reçu avec beaucoup de bontés, de même que ma femme, qui a été hier pour prendre leurs ordres, car il paraît décidément qu'elle est du voyage ; elle prendra autre femme de chambre et autre domestique, et par ce moyen nous voyagerons ensemble. (*Ce qui prouve que les débats intérieurs se rapportaient au renvoi des valets, et nullement aux intimités du galant.*) J'espère que vous serez encore à Strasbourg, et que nous pourrons *y passer quelques jours ensemble* etc.

Et le lendemain, 23 août, de peur qu'il ne l'oublie, le vertueux époux, qui sait *comment il importe de se ménager une conscience sans remords*, écrit une seconde lettre à son *cher ami*, conçue en ces termes :

Vous aurez vu par ma dernière lettre d'hier, mon cher ami, que mon voyage est décidé, et que je ne tarderai pas à vous joindre. (Et plus bas :) Ma marche est de partir samedi au soir ou dimanche avec armes et bagage. (Le bagage, Messieurs, c'était sa jeune épouse.) A vue de pays, j'arriverai vendredi pour dîner, ou, s'il est possible, même jeudi, de quoi je tâcherai de vous informer. (N'oublions pas cet empressement obligeant, il trouvera son application.) Je vous prie d'avance à dîner, mon cher, pour ce jour; ainsi, ne prenez pas d'engagement avec M. votre frère, afin d'avoir le plaisir d'être plus long-temps ensemble.

L'heureux homme que ce syndic! S'il sentait tout le prix d'un ami rare comme M. Guillaume! s'il savait comme l'époux a peur qu'ils ne se voient pas assez tôt! Reprenons un moment l'hypocrite libelle. Ils sont en route; le mari continue de prêcher sa jeune épouse.

(Page 10.)

Ces conversations, attachantes par leur objet, arrachaient souvent à la dame Kornman des aveux mêlés de larmes de repentir. J'osais quelques instants espérer qu'elle ferait enfin un retour sérieux sur elle-même. MALHEUREUSEMENT, aux approches de Strasbourg, l'homme dangereux paraît. (*Malheureusement*, inopinément même! il n'avait été prévenu de l'arrivée que cinq ou six fois par le bon mari, qui la lui amenait *malheureusement*.) A l'instant, toutes ses bonnes résolutions sont oubliées...

A Strasbourg, toutes les règles de la décence sont enfreintes, aucune bienséance n'est respectée...! Je crois devoir lui faire en conséquence quelques observations, elle ne me répond qu'avec le ton de l'aigreur et de l'insulte. (O Guillaume Kornman! si elle a pris en effet ce ton aigre avec vous, méritiez-vous beaucoup d'égards?)

Je sens alors qu'il est prudent d'abréger son séjour de Strasbourg (très-prudent, en effet, monsieur!) et je le conduis à Bâle, au milieu des siens. Je ne restai pas à Bâle, persuadé que, quelle qu'y pût être ma manière d'agir, il serait difficile que je n'eusse pas l'air d'exercer auprès d'elle une censure importune.

Au moins, homme prudent! avez-vous pris en partant de Bâle quelques précautions pour que les scènes scandaleuses de Strasbourg ne se renouvelassent point en cette ville? Oui, oui, Messieurs, il en a pris. Il a mis ordre à tout, en écrivant de Bruxelles à sa femme et à son ennemi des lettres menaçantes, foudroyantes que je vais rapporter ici. Il était bien temps qu'à la fin il se montrât l'homme vertueux qu'il est.

Lettre foudroyante à sa femme

A Alber, près de Luxembourg,
le 13 septembre 1780.

Je crois, ma femme, qu'il est décent que tu reçoives de mes nouvelles, car mon silence pourrait faire naître des réflexions AUX BONNES GENS avec lesquels tu te trouves, qu'il n'est pas de notre intérêt qu'ils fassent. (Ces bonnes gens, Messieurs, étaient les oncles et les frères de sa femme.) On te demandera, par intérêt pour moi ou par curiosité, si je t'ai écrit, et tu pourras par ce moyen satisfaire à toutes ces demandes. (Ici des détails de voyage.)

Fais mille compliments à tes parents et à Daudet, si tu le vois; car je suppose qu'il pourrait bien, dans ses petits voyages, avoir l'attention de te faire une visite. Je lui écrirai demain. Je fais passer la présente par Strasbourg, pour qu'on y voie que nous sommes en correspondance ensemble. Tu pourras également, si par hasard tu avais quelque chose à me faire dire, adresser tes lettres pour moi à Wachler. Cela nous donnera un air d'intelligence qui fera bon effet sur l'esprit de certaines personnes. Je suis toujours avec les sentiments que tu me connais...

Et voici la lettre menaçante au corrupteur de sa femme.

A M. Daudet de Jossun, etc.

De Bruxelles, le 20 septembre 1780.

Je vous adresse, mon cher ami, la présente à Strasbourg, à tout hasard, ne sachant si elle vous y trouvera. (*Sans doute il ne le savait pas. Son cher ami
pourrait bien être à Bâle, et la vertueux épouse, qui
s'en doutait, finit sa lettre, remplie d'affaires, en
ces termes :*) Je ne séjournerai que peu, pour prendre la route de la Suisse, y chercher ma femme et
mes enfants, et les ramener rue Carême-Prenant,.....
ADIEU, MON CHER, JE VOUS EMBRASSE et vous prie de me
croire, avec le plus sincère attachement, tout à vous.

Signé : G. KORNMAN.

Et par P.-S. :

Je voudrais beaucoup vous trouver à Paris, où je
pense que votre présence serait bien nécessaire.

Je ne me permets plus aucune réflexion sur
ces lettres. Mais pour compléter le dégoût
qu'une telle hypocrisie inspire, il faut citer encore la fin de la page 10 du libelle, où il parle
de son retour à Bâle.

Page 10 :

Je n'eus pas besoin, en arrivant, de faire de longues
informations sur la conduite de la dame Kornman. A
peine fus-je descendu dans l'auberge où elle logeait,
qu'on m'apprit que le sieur Daudet *y était venu plusieurs fois de Strasbourg*, qu'il y avait passé des
nuits avec elle...

Sauvons à nos lecteurs la juste horreur de
ces récits ; Guillaume Kornman est démasqué.
Si la malheureuse victime de ses cruautés ul-
térieures eût été séduite en effet (ce que je
suis bien loin de juger sur l'accusation d'un
tel homme), elle aurait deux complices de sa
faute, son séducteur et son mari. Mais le plus
coupable des trois serait l'homme affreux qui
l'a fait enfermer et qui l'accuse d'adultère.

J'ai montré comment le sieur Kornman

avait fait les plus grands efforts pour lier inti-
mement sa femme avec le sieur Daudet. Quels
étaient les motifs d'une aussi lâche conduite?
On va les voir. C'est toujours lui qui va parler, car c'est lui seul qui doit me venger de
lui. Ses lettres opposées à son libelle ne lais-
seront rien à désirer. Il vous a dit (page 8):

D'après une assurance si positive (celle que lui avait
donnée sa jeune épouse d'avoir de l'éloignement pour
l'homme qu'il lui présentait), je ne cherchai point
à éloigner le sieur Daudet de chez moi. (N'oubliez
pas que tout ceci précède le voyage à Spa, dont nous
avons extrait des lettres.) Il y vint comme auparavant. Je lui rendis même quelques services, en considération de la protection très-publique dont M. le
prince de Montbarrey daignait l'honorer.

Ainsi, Monsieur, vous receviez chez vous
l'homme le plus dangereux pour votre honneur, *vous lui rendiez service en considération
de la protection publique dont un ministre l'honorait.* Mais ce ministre vous en priait-il? Ou
vos relations avec lui étaient-elles assez im-
périeuses pour que, malgré vos répugnances,
il vous fût impossible de lui refuser la demande qu'il vous en avait sans doute fait
faire?

Sachons, Monsieur, ce qui en est. Vos lettres de Spa, écrites à cet homme accusé, nous
l'apprendront. Voyons surtout comment vous
lui rendiez service, et quels services vous lui
rendiez.

Toujours la même adresse aux lettres, et
toujours timbrées de la poste.

A M. Daudet de Jossan, etc.

Spa, le 19 juillet 1780.

Je vous suis obligé, mon cher ami, de m'avoir donné
des nouvelles de ce qui s'est passé depuis mon départ, etc. (*Ici des détails oiseux.*) Ce que vous me
dites de la situation des choses, relativement à notre

spéculation sur la place de trésorier de la M..., me
fait plaisir, et est fait pour donner des espérances, de
même que ce que d'Erv... vous a dit sur mon compte,
quoique je devais m'y attendre; il ne faut pourtant
pas trop se fier là-dessus dans ce monde. Il est encore bon de vous observer que ledit sieur a besoin
d'être talonné, qu'il n'est pas bien chaud, et qu'il se
rend facilement aux objections qu'on lui fait; et que,
se laissant aller aux circonstances, il attribue au hasard ce qu'il aurait pu obtenir par la moindre activité et persévérance.

(Pardon, lecteur, mais je n'y change rien.
Ceci n'est pas écrit du style hypocrite et traî-
nant du libelle. C'est du Kornman tout pur.)

CETTE PLACE EST TOUT A FAIT A MA CONVENANCE, et serait
d'autant plus agréable pour moi, que, me mettant en
relation avec le département de la guerre, je serais à
portée de faire connaître au ministre que je puis être
utile dans d'autres opérations, où il n'est quelquefois pas indifférent de pouvoir se confier à des gens
honnêtes, ET DE LA DISCRÉTION DESQUELS ON EST ENTIÈRE-
MENT PERSUADÉ, etc.

Vous avez bien fait, MON CHER, d'envoyer le mandat
pour madame de... à notre caisse, tout ce qui sera
présenté de sa part ET DE LA VÔTRE sera exactement
acquitté, etc.

                            Signé : KORNMAN.

Maintenant vous connaissez, lecteur, l'homme, le motif et les moyens; vous voyez comment il rendait service au corrupteur de sa
femme, *en considération d'un ministre* auprès
duquel il n'espérait pourtant s'insinuer que
par ce même *corrupteur*. Rien ne lui coûtait,
je vous jure, pour arriver à se saisir d'une
caisse : mais vous n'êtes pas à la fin. Lisez la
suite.

Même adresse que dessus.

        A M. Daudet de Jossan, etc.

                    Spa, le 29 juillet 1780.

Je vous suis obligé, Monsieur et *cher ami*, du détail que vous me donnez du souper de Beud..., de

l'entrevue de mon frère et de sa femme avec la mienne; les négociateurs de ce raccommodement ne me paraissent pas bien sorciers, etc. (*Je n'écris ces phrases aimables que pour montrer l'intimité.*) A l'égard des vingt-cinq mille livres que vous voulez me charger de remettre en billets de caisse, pendant votre absence, à M. le prince de Montbarrey, pour acquitter pareille somme qu'il a avancée à M. le baron Wirch, *c'est une excellente idée, et je vous en suis obligé. Je pense que le temps de la quinzaine dont vous me parlez (apparemment pour acquitter le mandat)* ne sera pas si strict pour que j'aie le temps d'arriver. Vous voudrez me mettre dans ce cas par écrit ce que je dois faire dans cette occasion.

(*Ce vertueux mari, Messieurs, qui n'obligeait le prétendu galant* qu'en considération de la protection qu'un ministre lui accordait,*le voilà aux genoux du séducteur de sa femme, lui demandant des leçons, des préceptes, pour s'insinuer dans les affaires du ministre.*)

Il serait peut-être possible qu'elle (*cette occasion me procurât celle de glisser deux mots de mon projet, qui est que le ministre devrait me faire son banquier particulier, ou avoir sa caisse chez moi.

(Cet homme, lecteur, est bien possédé du démon des caisses! Il lui en faut une absolument, car la sienne est en mauvais ordre! caisse de la marine! caisse de l'Ecole militaire! caisse du ministre! caisse des princes! caisse des Quinze-Vingts! Vous verrez, vous verrez! Mais reprenons sa lettre.)

Il serait peut-être possible que cette occasion me procurât celle de glisser deux mots de mon projet, qui est que le ministre devrait me faire son banquier particulier, ou avoir sa caisse chez moi. Il y trouverait l'avantage que son argent serait toujours utilement employé, parce que je lui en bonifierais l'intérêt; et il pourrait en disposer également d'un moment à l'autre, parce qu'étant dans le cas *d'avoir toujours une caisse garnie,* j'acquitterais les mandats que le prince fournirait sur moi, et que l'on imprimerait d'avance, pour qu'il n'ait qu'à signer et remplir la somme et l'ordre à qui il faudrait payer, ou je lui porterais sur son ordre des billets de caisse, ou de l'argent; il me semble que cet objet pourrait devenir *conséquent* pour le prince, surtout *si, dans un maniement général comme le département de la guerre, qui est de passé cinquante millions, on peut me laisser de temps à autre quelques fortes sommes entre les mains. (Vous l'entendez!)* Ce qui ne me paraîtrait pas difficile, et suis sûr que cela a été pratiqué dans le temps par M. D***, par l'entremise des sieurs L... et M... Et moi, j'aurais l'agrément de me rendre utile au ministre, *ce qui peut se retrouver dans l'occasion.*

Vous voyez les honnêtes projets qu'il avait sur tous ceux qui pourraient lui confier une caisse! Et la lettre finit ainsi :

Je soumets cette idée à vos lumières, etc. Il me tarde de venir vous joindre, *mon cher :* je hâterai ce moment autant qu'il sera possible. *Je vous embrasse,* et suis avec le plus sincère attachement tout à vous, votre serviteur et ami.

Signé : Kornman.

Avant de réfléchir sur cette conduite, encore une lettre de l'époux scrupuleux à l'homme dangereux qu'il déteste.

Même adresse.

A M. Daudet de Jossan, etc. (Toujours le timbre de la poste.)

Spa, le 1er août 1780.

N'oubliez pas, lecteur, que toutes ces lettres sont de l'époque où l'honorable époux prétend dans son libelle (page 8) « qu'il conjurait la dame Kornman, de la manière la plus pressante, d'ouvrir les yeux sur l'abîme profond qui s'ouvrait sous ses pas, et pendant qu'il la suppliait (dit-il) de ne pas se livrer davantage à l'homme sans honneur et sans morale qui ne voulait que tirer parti de la fortune de la malheureuse complice de ses égarements. »

Spa, le 1er août 1780.

J'espère, *mon cher ami*, que la présente vous trouvera encore à Paris (*auprès de sa femme*), et que votre départ sera différé de quelques jours, *afin de me trouver plus longtemps avec vous en Alsace.* Soyez assuré *que je m'en fais une fête,* et que je viendrai vous joindre *le plus tôt possible.* Je ne vous dis plus rien de ma femme : *tout dépendra d'elle,* je ne suis pas un homme injuste, ET JE SAIS APPRÉCIER LES FAIBLESSES HUMAINES ; je ferai toujours consister mon bonheur en faisant celui de ma femme (*voilà pour elle*), et de ce qui m'entoure (*voilà pour lui*). Mais je suis homme, par conséquent restreint dans les bornes. (*Et dans cinq années, malheureux ? tu l'attaqueras en adultère, et tu la diffameras après l'avoir fait enfermer pour les mêmes fautes intérieures que toi-même avais préparées, si toutefois elle a succombé !* Non, ma tête est *bouillante* en écrivant ces choses.) Mais finissons la lettre du 1er août 1780.

Vos espérances sur l'adjonction en question *sont bien flatteuses* : il faudra attendre la tournure que cela prendra, *vous étant sensiblement obligé* de votre surveillance à combiner tous les moyens pour faire réussir l'affaire, *ce sera votre ouvrage.* Je vous suis obligé de votre attention obligeante de faire mention de moi dans la famille (*du ministre apparemment*) quand l'occasion se présente, etc.

Signé : KORNMAN.

Reposons-nous un moment par une courte récapitulation de tant de faits étranges.

Un homme épouse une jeune personne, belle, riche et de noble famille (car les *Faesch*, lecteur, sont des premières familles de Bâle). Un oncle généreux l'a fait riche lui-même. Et l'avide ambition de plus dépenser en folies lui fait concevoir le projet de tirer parti de sa femme ; il la vend : je crois bien qu'il ne l'a pas livrée ; mais on voit qu'il la vend pour l'espoir bien vil d'une caisse ! Et sitôt que l'espoir s'enfuit, par la retraite d'un ministre, mon tartufe change de ton, cherche querelle à celui qu'il attirait bassement, lui ferme la porte, et punit de son propre crime l'infortunée qui n'avait pu se garantir de tant de piéges.

Mais j'oublie que ce n'est pas moi qui dois plaider pour moi, que c'est mon adversaire lui-même; je vais donc le laisser parler, premièrement dans le libelle, et puis après viendront ses lettres.

M. le comte de Maurepas, dit-il (page 10), *m'avait prié de m'occuper d'une entreprise à laquelle lui et M. le prince de Montbarrey s'intéressaient beaucoup.*

Et en note, au bas de la page, on lit :

Le canal de Bourgogne proposé par M. le comte de Brancion.

M. de Maurepas, avec son esprit vif et prompt, avec cet œil de lynx qui perçait à jour les plus fins, prier un Guillaume Kornman! On nous prend ici pour des femmelettes, tout au moins pour des gens du monde qui croient tout sans examen, dont l'inquiète légèreté fait au premier mot qu'on écrit, pourvu qu'il soit âpre et sanglant, une foule de déchaînés, de la plus douce nation du monde! Voyons donc par qui Guil... Korn... fut prié de vouloir bien s'occuper du canal de Bourgogne. Mais ce n'est pas Guil... Korn... que je travaille à convertir; c'est vous, public inconcevable! Athéniens légers et cruels! qui vous livrez comme des enfants au premier brigand qui vous parle; et toujours injustes envers moi jusqu'à la cruauté! Puis revenant ensuite à une justice faible et tardive, mais qui ne remédie jamais au mal affreux de vos premiers discours! Athéniens toujours entraînés, n'aurez-vous donc jamais que la crédulité du jour et le jugement du lendemain?

Les lettres de *Guillaume* diront sans doute quelque chose de la prière de M. de Maurepas à *Guillaume!* Feuilletons-les encore, malgré l'ennui qu'elles me causent. Ah! j'ai trouvé, je crois, l'article.

A M. Daudet de Jossan, etc. (avec le timbre de la poste.)

Spa, le 5 août 1780.

Tout ce que vous faites est au mieux, *mon cher,* pour me mettre en avant auprès du ministre et de la princesse..... Il faudra voir ce que c'est que l'affaire majeure dont vous me parlez, et dont je n'ai pas pu lire le nom de la personne que vous nommez. (*No nous dégoûtons point des phrases; c'est là le style de Guil... Korn...*) J'en serai instruit là-dessus quand j'aurai le plaisir de vous voir... Je vois avec plaisir que d'Erv... doit dîner chez ma femme avec *un comte de Francion.* Vous me dites que le ministre me l'a adressé, mais je n'en ai aucune connaissance ; vous m'expliquerez cela sans doute. Enfin toutes vos démarches à mon égard tendant à *mettre le pied dans l'étrier,* il y aurait bien du malheur et de la gaucherie si je ne réussissais à me mettre en selle; et il ne s'agira que d'aller. (*Charmant écrivain, galant homme!*) Adieu, *mon cher;* je vous embrasse et suis, avec le plus inviolable attachement, tout à vous.

Signé . KORNMAN.

Ainsi, comme on le voit, c'était toujours *son ami de cœur* qui fait des efforts obligeants pour le fourrer dans les affaires! *Je vois avec plaisir que d'Erv... doit dîner chez ma femme avec un comte Francion... Je n'en ai aucune connaissance.* (Il en estropie jusqu'au nom, il écrit *Francion* pour *Brancion.*) Et moi Beaumarchais, je m'impatiente de ne pas voir comment M. le comte de Maurepas a prié Guil... Korn. Une autre lettre nous l'apprendra peut-être !

A M. Daudet de Jossan, etc.

Bruxelles, le 12 août 1780.

Quoique je ne sois pas curieux, il me tarde cependant de savoir quelle est cette affaire majeure dont vous me faites l'amitié de me parler, que vous avez sollicitée *pour qu'elle me mette en relation avec le ministre*. A vous dire le vrai, je ne sais que deviner. Cela passe mon imagination, en attendant, *pas moins des remercîments d'avance;* vous priant d'être persuadé que je ferai toujours tout ce qui dépendra de moi pour qu'on ne vous fasse point de reproches sur mon compte, etc. Adieu, MON CHER; portez-vous bien; conservez-moi votre amitié, et soyez assuré du plus parfait retour; je suis tout à vous.

Signé : G. KORNMAN.

Et le *P. S.* explique comment Guil... Korn... est tout à lui.

A l'égard de ma femme, je ne veux que son bonheur, DANS TOUTE L'ÉTENDUE DU TERME. *J'espère ainsi qu'avec un peu de réflexion elle ne s'y opposera point.*

(Enfin j'ai trouvé le fin mot.) *L'affaire que vous avez sollicitée pour qu'elle me mette en relation avec le ministre.* Voilà M. de Maurepas expliqué. Point de ministre qui prie Guillaume; c'est *son cher ami* qui le pousse; et voyez sa reconnaissance au *post-scriptum* de la lettre. *A l'égard de ma femme, je ne veux que son bonheur* DANS TOUTE L'ÉTENDUE DU TERME. *J'espère ainsi qu'avec un peu de réflexion, elle ne s'y opposera point.* (C'est-à-dire, si elle fait encore quelques difficultés, prouvez-lui bien que je consens à tout.)

C'est ainsi qu'au moyen de ces rapprochements utiles, on voit la fausseté masquée sortir du fond d'un noir libelle, et la modeste vérité se montrer sans fard dans les lettres.

(Page 11 du libelle.) « Au mois de décembre 1780, M. le prince de Montbarrey quitta le ministere; à cette époque, etc. »; toute la tirade.

Ainsi le ministre est remercié, *l'ami tendre* a perdu ses places, et ces pertes ont tué son doux commerce avec l'ami Guillaume Kornman.

Le style du dernier va changer, témoin le libelle et les lettres signées de lui envoyées à tous nos ministres : mais ces lettres et ce libelle sont d'un faux Guillaume Kornman ; c'est moi qui tiens le véritable; vous allez voir son véritable style, sitôt après la retraite du ministre.

A son ami Jossan.

Mars 1781.

Je n'ai sans doute pas l'honneur d'être assez connu de vous, Monsieur, pour croire que je ne sache sacrifier mes hommages qu'aux gens en place. (*Ici des détails oiseux.*) A l'égard de la place de Pierrecourt, toute mon activité s'est reposée sur d'Erv... Il a dit qu'il en parlerait... mais qu'il croyait la chose fort difficile...

Au surplus, Monsieur, si je suis moins chez moi que par le passé, ce ne sont pas mes affaires seules qui m'en éloignent ; j'aurais toujours été charmé de me délasser de mes occupations dans l'intérieur de mon ménage avec quelques amis ; je dis quelques, parce que cette classe ne saurait être nombreuse. (Qu'a-t-il donc, notre ami Guill... Korn...? On croirait qu'il cherche dispute! Qu'est devenu le temps où je copiais dans toutes ses lettres *mon cher ami* à chaque phrase! Ah! pourquoi nos ministres ne sont-ils pas inamovibles! Les amitiés de nos Guillaumes seraient à coup sûr éternelles! Mais achevons la triste lettre, ne fût-ce que pour en comparer le style à celui de notre libelle!) « J'aurais vécu chez moi (dit-il) avec quelques amis; mais ma femme s'y oppose; sa façon de penser ne pouvant cadrer avec la mienne, étant trop fier pour me trouver où je puis déplaire, lorsque l'on me donne trop à connaître. (*Je copierai tout, jusqu'aux fautes.*) Je ne trouve pas déplacé qu'on se moque de moi, un chacun est le maître; mais on ne doit pas trouver mauvais quand je m'en aperçois, et que je cherche d'éviter d'être l'objet plaisanté : je sais jusqu'à quel point peuvent aller les plaisanteries de société et de convenance, mais il y a des termes à tout. Au surplus, je suis *pour la liberté et l'indépendance*, prétendant *ne gêner personne*, et ne précipitant jamais mon jugement sur le compte de qui que ce soit, attendant tranquillement que l'expérience me démontre jusqu'à quel point je dois me fier à l'amitié que l'on me témoigne, préférant de juger les hommes plutôt par leurs actions que par leurs paroles ; j'admire l'éloquence, mais je préfère la vérité toute nue et sans ornements dans la bouche de mes amis, et c'est une chose qui n'est pas commune. Si ma maison perd quelque chose de l'agrément qui pouvait résulter de la bonne intelligence *vraie ou apparente* qui devait régner, entre le maître et la maîtresse, j'en suis fâché mais je suis trop franc pour résister à la longue à une situation forcée qui irait trop au détriment de ma santé, que j'ai assez sacrifiée par le sincère attachement que j'ai porté à ma femme, voyant à regret combien elle était mal conseillée de ne compter pour rien l'estime d'un mari, *et préférant des choses passagères* à la solidité de l'amitié ; *mais elle était la maîtresse*, etc. (*La plume tombe des mains à tant de choses dégoûtantes.*)

(*Et ces quatre mots en finissant.*) « Je ne suis pas inquiet sur les petites avances que j'ai été dans le cas de vous faire, Monsieur ; la vie étant un échange continuel de procédés, je me trouverai heureux de ne me jamais trouver en arrière, etc.

Signé : KORNMAN.

Lecteur, encore cette dernière ! par bonheur elle finit tout.

Et toujours à l'ami Josvan.

Le mardi matin, à huit heures.

Je vous ai laissé, Monsieur, tout le temps pour changer votre conduite à mon égard ; mais comme vous n'avez pas jugé à propos de le faire, il convient actuellement qu'il ne reste plus aucune relation directe ni indirecte entre nous : je vous préviens que je ferai présenter le billet de trois mille six cents livres échu, pour que vous puissiez l'acquitter.

Je suis très-parfaitement, Monsieur, votre, etc.

Signé : G. KORNMAN.

Paris, 2 juillet 1781.

Réponse de M. Daudet de Jossan à M. Guill... Korn..

Paris, 2 juillet 1781.

C'est par ménagement pour vous, Monsieur, par respect pour madame votre épouse, que je n'ai point changé de conduite à votre égard, et que j'ai continué d'opposer le silence, l'honnêteté et la douceur aux impertinences et aux calomnies que vous vous êtes permises... Ne croyez pas avoir acheté par quelques faibles services pécuniers le droit de me calomnier ET DE ME FAIRE SERVIR DE PRÉTEXTE A VOS PERSÉCUTIONS CONTRE UNE FEMME FAIBLE ET MALHEUREUSE... Si j'ai reçu vos services vous savez que je les ai payés par d'autres auxquels vous avez attaché du prix et dont vous jouissez. Fiez-vous sur l'envie extrême que j'ai de pouvoir vous mépriser à mon aise, du soin que je prendrai de me liquider avec vous ; jusque-là je ne puis vous dire qu'entre quatre yeux l'horreur et l'indignation que m'inspirent la bassesse de vos moyens, la lâcheté de vos procédés. — Je m'arrête : souvenez-vous bien que je vous démasquerai si vous me poussez à bout ; et s'il vous reste quelque vergogne, tremblez que le public ne vous connaisse comme je vous connais ET COMME VOUS VOUS CONNAISSEZ VOUS-MÊME. — Je vous débarrasserai de vos cautionnements, ou plutôt je m'en débarrasserai ; le comble du malheur serait de rester votre obligé de cette façon.

Quel fut le résultat, lecteur, de cette rupture éclatante ? Un mois après cette réponse, la malheureuse était dans une maison de force. En supposant qu'elle fût coupable, et que l'hymen fût offensé, ce que je ne déciderai pas, il me semble prouvé que, s'il est un seul homme indigne qu'on lui accordât protection, c'était *Guillaume Kornman*. L'infortunée qu'il abandonnait à *l'ami*, et qu'il enve-

loppait de piéges, la voilà tout à coup enfermée, transformée dans les plaintes *en
voleuse, en empoisonneuse.* O l'horreur des horreurs!

Maintenant, quel est l'homme honnête et
sensible, sortant de lire ce commerce, prié,
pressé par ses amis, qui refuserait de servir
une jeune femme livrée à des barbares, enceinte, arrachée de chez elle et jetée nuitam-
ment dans une maison de force, où le désespoir va la tuer! Sa tête, hélas! me disait-on,
perdue par intervalle, la jette dans de tels
délires, qu'on a déjà craint pour sa vie. Une
jeune femme! enfermée sur les plaintes d'un
tel mari! est-il un seul homme d'honneur qui
lui refusât son secours! Ce n'est pas moi. Je
ne la connaissais pas même de vue; eh bien!
ce fut avec ardeur que j'entrai dans la noble
ligue que la pitié formait pour elle, que je de-
vins l'un de ses défenseurs. J'en ai bien mieux
aimé, bien plus chéri ce valeureux prince de
Nassau depuis que je le vis capable de cette
bonté chevaleresque, qui fait secourir même
ceux qu'on ne connaît pas!

Ne nous laissons point entraîner! N'antici-
pons point sur le travail qui a procuré la sortie, et dont je dois compte au public, quoique
je n'en fusse moi-même que le troisième ou
quatrième instrument. Determiné à servir
cette dame, sur la lecture de ces dégoûtantes
épîtres, j'offris la main à madame la princesse de Nassau pour aller chez M. Le Noir.
Elle mettait à ses démarches l'activité la plus
touchante. Encore chaud de ma lecture, je fis
chez le magistrat un plaidoyer brûlant qui
bientôt l'échauffa lui-même : il donna les plus
grands éloges à la malheureuse détenue, à sa
douceur, à sa douleur, au ton pénétrant de
ses plaintes, souvent à sa résignation. Il nous
dit tout ce qu'il en savait : mais il ajouta qu'il

ne pouvait rien dans l'affaire, nous montra trois mémoires du mari, et vingt lettres sollicitantes; enfin il nous prouva que l'ordre était donné du premier ministre, que Kornman et ses amis avaient sollicité en personne. Il prétend qu'il a tout à craindre, dit-il, de la part d'un homme qui, après lui avoir enlevé sa femme, voudrait attenter à ses jours, et qui les marchande avec elle. Je combattis l'horreur de ces accusations par leur invraisemblance et surtout par les lettres dont j'étais déjà le porteur; il en fut vivement frappé, nous dit de voir tous les ministres, et me permit de l'instruire du succès de mes démarches.

Alors chacun fit de son mieux. Les gens de loi poursuivaient la séparation en justice; les gens du monde sollicitaient la délivrance à la cour. M. de Maurepas était malade, et c'était lui qu'il fallait voir! Il mourut. Rien ne nous arrêta. Ce bon prince de Nassau! (que je l'aime!) fut trois fois à Versailles et chez M. Amelot. Aussi m'a-t-il trouvé depuis aussi chaud pour ses intérêts qu'il le fut en cette occasion pour ceux de cette infortunée, qu'il ne connaissait pas plus que moi! J'adore un grand seigneur dont le cœur n'est pas mort! J'y fus moi-même au moins six fois. Lassé de ne pouvoir rejoindre le ministre, le prince écrivit, le 18 décembre 1781, cette lettre à M. Amelot :

J'ai été, Monsieur, plusieurs fois à Versailles, et nommément aujourd'hui, pour avoir l'honneur de vous remettre un mémoire en faveur d'une femme persécutée. Son sort a intéressé toutes les personnes qui sont véritablement instruites de son affaire. Permettez, Monsieur, que je vous prie de vous faire rendre un compte vrai, et je ne doute pas que vous ne la mettiez au moins dans le cas de suivre le cours de la justice qu'elle a invoquée; M. Le Noir ayant assuré qu'il n'était pour rien dans cette affaire, et qu'elle dépendait de vous absolument.

J'ai l'honneur d'être, etc.

Signé : le prince DE NASSAU SIÉGUEN.

Cette lettre est au dépôt de la police, avec toutes les pièces qui suivent. Et moi, pendant ce temps, j'impatientais M. Le Noir. Je lui écrivais :

Le 18 décembre 1781.

Il ne m'a pas été difficile hier au soir de voir que l'affaire de madame Kornman commence à vous donner un peu d'humeur. Mais pendant que vous croyez que les gens d'affaires de cette dame vous trompent, j'ose vous assurer que les amis du mari vous en imposent bien davantage.

Lisez, je vous prie, ce que M. Debruges, procureur (*de la femme*) me répond, et vous serez enfin convaincu que ce n'est pas à l'hôtel du lieutenant civil, mais à l'audience du parc civil, que M. Picard (*avocat de la femme*) a pris ses conclusions, et a insisté pour plaider mardi dernier.

Permettez-moi aussi de vous prévenir que, malgré tous les efforts qu'on a faits pour retenir l'affaire au conseil de Colmar, il est sorti un arrêt qui oblige les parties de plaider au Châtelet de Paris. Il faut que la demande du mari ait paru bien ridicule à ce tribunal, puisque l'arrêt a été rendu sans qu'il y ait eu aucune défense pour la femme. La nouvelle en est venue dimanche à M. Kornman, et vous l'ignoriez encore hier au soir. Jugez si l'on vous trompe vous-même !

(Ils plaidaient en séparation, et la femme était enfermée par une lettre de cachet ! O désordre ! ô désordre !)

J'ai envoyé hier dans le jour deux fois chez M. Turpin (*alors conseil de Kornman*); point de réponse : pendant ce temps, Monsieur, on ne cesse d'effrayer la malheureuse détenue, en lui disant qu'on lui arrachera son enfant à l'instant de sa couche. Il y a de quoi la faire mourir. Vous pouvez juger à votre tour si toute la compassion que vous a inspirée cette infortunée a passé dans le cœur d'un autre !

Quant à moi, qui ne l'ai jamais vue, qui ne la connais que par le tableau très-touchant que votre sensibilité vous en a fait faire en ma présence (*à madame la princesse de Nassau*), je la vois si cruellement abandonnée, après une détention de cinq mois, pendant que le mari court à Spa, fait bombance, et séduit tout ce qui l'approche; que je viens d'écrire à M. Turpin que, si les intérêts de son client l'empêchent de ne voir comme conciliateur, je vais franchement offrir à cette jeune dame et mes conseils et mes secours, mes moyens personnels, et ma bourse, et ma plume.

(Oui, je l'ai dit et je l'ai fait; car elle était seule en France, et n'avait même à Bâle, en Suisse, que des oncles trop vieux et des frères trop jeunes pour qu'elle en pût rien espérer.)

Peut-être, Monsieur, quand ils lui connaîtront des ressources et des défenseurs, commenceront-ils à rougir de répondre aussi mal au bon cœur et au bon esprit qui vous ont porté sans cesse à rechercher les voies de conciliation.

Permettez que cette lettre soit la dernière de mes importunités sur cette affaire... Je vis bien hier au soir qu'on finissait par vous impatienter en vous en parlant si souvent; moi-même, je n'étais pas tranquille sur le plat rôle que la prétendue mauvaise foi du procureur Debruges me faisait jouer auprès de vous.

Aujourd'hui, tout est éclairci; mais je ne me permettrai plus de vous en étourdir. Le bien que je veux à madame Kornman, me causerait trop de dommage, s'il allait jusqu'à altérer vos bontés pour moi, qui m'honore d'être avec le plus inviolable et respectueux attachement,

MONSIEUR,

Votre, etc.

Signé : CARON DE BEAUMARCHAIS.

Cette lettre, existant au dépôt de la police, prouve déjà que, malgré tout mon mépris pour le mari, je courais après Me Turpin, son conseil, pour essayer de les réconcilier. Ma religion est que, lorsqu'une pauvre femme e épousé un méchant homme, sa place est d'être malheureuse auprès de lui ; comme le sort d'un homme est de rester aveugle quand on lui a crevé les yeux.

Me Silvestre, avocat aux conseils, pouvait seul voir l'infortunée. Il écrivait à M. Le Noir ; Me Debruges, son procureur, écrivait à M. Le Noir ; j'écrivais à M. Le Noir : le prince de Nassau, tout le monde écrivait à M. Le Noir ; il ne savait auquel entendre. J'avais vu M. le comte de Maurepas en octobre. Avec un esprit d'aigle il avait l'âme douce. Il m'avait écouté, entendu, avait vu les lettres de Guil... Korn..., on avait été fort surpris ; m'avait dit de voir M. Amelot, de lui raconter toutes ces choses, et d'en parler à M. le comte de Vergennes ; qu'ils en raisonneraient ensemble, parce qu'elle était étrangère.

J'avais couru chez les ministres ; et partout même plaidoyer. M. de Maurepas n'était plus. Mais rien ne put lasser mon zèle. Enfin le 27 de décembre j'obtins la faveur insigne de rapporter la joie dans l'affreux séjour des douleurs. Ma demande était si modeste ! Elle plaide en séparation contre un homme qui se dérange, et qui ne l'a fait enfermer que pour ne lui rendre aucun compte ; il s'est hâté de prendre l'attaque, de peur d'être écrasé du poids de la défense. Je demande, ou plutôt c'est elle qui demande, car j'ai son placet à la main, qu'on la délivre de l'horreur d'accoucher dans une maison de force, entre les hurlements des folles et les chansons des prostituées. L'accoucheur vous en répondra, vous la rendra sur votre premier ordre. Elle est de la meilleure maison de Bâle ; mariée à un méchant homme ; elle plaide en séparation ; il n'a pu la vendre vivante ; il voudrait en hériter morte !.., Quel malheur d'être souverain ou ministre ! on n'a pas le temps d'être instruit; la méchanceté, qui veille autour de vous, prend toujours si bien son moment, qu'avec le désir d'être juste, sans le savoir on fait des injustices! Il y a trois mois que vingt personnes courent pour obtenir le redressement de celle-ci. Je remis son mémoire, on le lut.

Dieux! j'obtins l'ordre! et le voici :

DE PAR LE ROI.

Il est ordonné au S. (en blanc) de retirer de la maison de la demoiselle Dorry la dame Kornman et de la conduire dans celle du sieur Page, accoucheur et docteur en médecine. Enjoint S. M. à ladite dame Kornman, suivant sa soumission, de ne point sortir de ladite maison, et de n'y recevoir que son avocat et procureur; comme aussi ordonne S. M. audit sieur Page, suivant la soumission que ladite dame Kornman offre de faire faire audit sieur Page, de la représenter toutes les fois qu'il en sera requis; et ce, jusqu'à nouvel ordre.

Fait à Versailles, le 27 décembre 1781.

Signé : LOUIS.

Et plus bas,

Signé : AMELOT.

Au-dessous est écrit :

Je soussigné promets et fais ma soumission de me conformer à l'ordre ci-dessus, ce 28 décembre 1781

Signé : PAGE, docteur-médecin.

Et au-dessous est écrit :

Je soussignée promets et fais ma soumission de me conformer à l'ordre ci-dessus, ce 28 décembre 1781.

Signé : F. KORNMAN, née FAESCH.

Croyez-vous, lecteur, que mes chevaux eussent assez de jambes pour apporter au gré de mon désir un tel ordre à M. Le Noir! Il me sourit en le lisant. Je ne me rappelle pas qu'il m'ait dit (comme l'écrit Guil... Korn...) que j'étais un scélérat horrible et redoutable;

mais je me souviens qu'il me dit : *Les gens que vous aimez, monsieur de Beaumarchais, sont certains d'être bien servis :* il voulut bien même ajouter qu'en cette occasion il ne pouvait qu'applaudir à mon zèle. Eh bien ! Monsieur ! lui dis-je, j'en demande la récompense. Permettez-moi d'accompagner ceux qui porteront l'ordre à cet infortunée. Que je puisse me vanter d'avoir fait connaissance avec elle sous les heureux auspices d'une bonne lettre de cachet ! Il sourit, il y consentit. Quel inconvénient y avait-il ?

O public ! public de Paris ! Une femme plaignante en justice contre un mari qui la tourmente trouve toujours un défenseur; et vous vous étonnez qu'une malheureuse victime, enfermée sans information, par une lettre de cachet surprise, exécutée si lâchement, ait rencontré des protecteurs pour solliciter les ministres ! Dans quel siècle vivons-nous donc ! Quel d'entre vous, trahi, surpris et subitement renfermé, jetant ses bras meurtris à travers les grilles de fer, ne regarderait pas comme un dieu le passant que ses cris pourraient armer en sa faveur ? N'avez-vous vu jamais un infortuné qu'on délivre ? La terre n'est pas assez bas, sa tête jamais assez courbée, ses genoux pas assez flexibles au gré de sa reconnaissance: je l'ai vu, je l'ai vu, et surtout cette fois, quand j'ai porté dans la prison la lettre de sa délivrance à l'infortunée étrangère.

Figurez-vous une jeune femme, prisonnière au mois de décembre, et n'ayant pour tout vêtement qu'un mauvais manteau de lit d'été, pâle, troublée, enceinte et belle ! ah ! enceinte surtout et près d'accoucher ! Je ne sais pas comment les autres hommes s'affectent; mais pour moi, je n'ai jamais vu de jeune femme enceinte, avec cet air doux et souffrant qui la rend si intéressante, sans éprouver un mouvement qui jette mon âme à sa rencontre : jugez quand elle est renfermée! Ah! si c'était ici le lieu de raconter, je dirais comment une fois j'ai manqué d'assommer un homme qui battait une femme enceinte. Le peuple criait : « *C'est sa femme!* — Et qu'importe, ami! *elle est grosse.* » J'étais furieux; je rouais de coups le brutal qui l'avait battue, en criant toujours, *elle est grosse!* J'avais l'éloquence du moment; ils me comprirent à la fin et se rangèrent de mon parti. Ces gens-là, c'étaient des Français!

Rentrons dans la maison de force, où notre infortunée m'attend. Quand elle paraît au guichet où je l'attendais, moi troisième, elle s'écrie avec transport : «*Ah! si l'on ne m'a pas trompée, je vois M. de Beaumarchais!* — Oui, Madame; c'est lui que le hasard rend assez heureux pour contribuer à vous tirer d'ici. » Elle est à mes genoux, sanglote, lève les bras au ciel : *C'est vous, c'est vous, Monsieur?* tombe à terre et se trouve mal : et moi, presque aussi troublé qu'elle, à peine pouvais-je aider à lui donner quelques secours, pleurant de compassion, de joie et de douleur. Je l'ai vu, ce tableau, j'en étais, j'en étais moi-même; il ne sortira pas de ma mémoire. Je lui disais, en la remettant au médecin qui devait l'accoucher, à qui le magistrat la confiait : « Ce service, Madame, n'a pas le mérite de vous être même personnel : ah! je ne vous connaissais pas, mais à l'aspect de votre reconnaissance, je jure que jamais un malheureux ne m'implorera en vain dans des circonstances pareilles! »

J'ai dit comment la chose se passa. Je la quittai, content de moi : ne me doutant pas, je vous jure, que six ans après cette époque, un magistrat qui n'avait fait que nous céder, au mari le bonheur de faire enfermer sa victime, à nous celui de la rendre au droit de se pourvoir devant les tribunaux contre lui, se trouverait impliqué dans une horreur aussi gratuite; qu'on jetterait dans Paris un libelle atroce où vingt personnes seraient dénigrées; qu'à l'instant j'entendrais des cris, que je verrais des yeux braqués sur moi comme des pièces de canon! que l'on verrait surtout des dames bien faiblettes, oubliant leur âge et leur sexe, abandonner leur propre cause, se chagriner pour le mari, *pleurer, hélas! sur ce pauvre Holopherne!* Et moi, qui suis tout aussi faible qu'elles, mais qui choisis mieux mes objets, si ce récit ne peut leur ôter de l'idée que je suis un homme méchant, je les supplie de m'accorder au moins que je suis le meilleur des méchants hommes.

— Mais vous étiez suspect; on vous taxe partout d'avoir aimé les femmes!—Eh! pourquoi rougirais-je de les avoir aimées? Je les chéris encore. Je les aimais jadis pour moi, pour leur délicieux commerce; je les aime aujourd'hui pour elles, par une juste reconnaissance. Des hommes affreux ont bien troublé ma vie! Quelques bons cœurs de femmes en ont fait les délices. Et je serais ingrat au point de refuser, dans ma vieillesse, mes secours à ce sexe aimé qui rendit ma jeunesse heureuse! Jamais une femme ne pleure que je n'aie le cœur serré. Elles sont, hélas! si maltraitées, et par les lois et par les hommes! J'ai une fille qui m'est bien chère: elle deviendra femme un jour: mais puissé-je à l'instant mourir si elle ne doit pas être heureuse! Oui, je sens que j'étoufferais l'homme qui la rendrait infortunée! Je verse ici mon cœur sur le papier.

Une réflexion, et j'ai fini.

Si cette justice éternelle, qui veille au bien en laissant faire le mal, n'eût pas permis,

sans que je m'en doutasse, qu'on laissât dans
mes mains ces précieux moyens de défense,
dont je ne me souvenais non plus que de mon
premier rudiment, je serais un monstre aujourd'hui. Cent pages de discours ne m'auraient pas lavé de la bonne action qu'ils attestent. Grand Dieu ! quelle est ma destinée !
Je n'ai jamais rien fait de bien qui ne m'ait
causé des angoisses ! Et je ne dois tous mes
succès, le dirai-je ?..... qu'à des sottises !

Signé : CARON DE BEAUMARCHAIS.

GUDBERT, *procureur.*

Ma seconde partie paraîtra quand l'information sera finie. Je ne laisserai rien en arrière.
J'ai besoin de me reposer ; non dans l'inaction,
je ne le puis ; mais dans le changement d'oc-
cupation, c'est ma vie.

COURT MÉMOIRE

EN ATTENDANT L'AUTRE

PAR P.-A. CARON DE BEAUMARCHAIS

SUR LA PLAINTE EN DIFFAMATION QU'IL VIENT DE RENDRE D'UN NOUVEAU LIBELLE QUI PARAIT CONTRE LUI

Je suis vraiment honteux d'être obligé de m'occuper de moi, quand tous les esprits sont tendus vers les intérêts nationaux. Je ne dirai qu'un mot ; il m'est indispensable.

A la suite d'une plainte formée au criminel pour outrage et diffamation contre le sieur Kornman et complices, dans un procès qu'il feint d'intenter à sa malheureuse femme, mais qui n'est qu'un prétexte pour déchirer tous ceux qui ont eu intérêt d'éclairer sa conduite, j'ai obtenu permission d'informer ; et tant à Paris que dans l'éloignement, par des commissions rogatoires, vingt personnes de tout état, assignées, ont déposé ce qu'elles savaient sur les graves objets de ma plainte.

Toutes ces dépositions, les lettres du sieur de Kornman en nature, et autres pièces justificatives jointes à la liasse au greffe criminel, M. le procureur du roi du Châtelet a déféré, par délicatesse, *au Parquet assemblé* (1), son droit de conclusions dans cette affaire ; et sur ces conclusions, il a été prononcé des décrets contre les calomniateurs. Telle a été la sage conduite des magistrats qu'un forcené outrage sans pudeur.

(1) Composé de M. le Pelletier des Forts, de M. Bourgeois de Boines, de M. Hue de Miroménil, de M. Dupré de Saint-Maur.

Tout ce qu'un offensé peut faire est de demander justice, de la solliciter, de souffrir et d'attendre ; et c'est ma position actuelle. Mais, à l'instant où les tribunaux sont fermés, le bras de la justice enchaîné, où aucun débiteur ne peut être contraint, où toute audace est impunie, il paraît un libelle bien absurde et bien lâche, dans la première page duquel on lit ces propres mots, les seuls qu'en ces moments j'aie intérêt à relever. Je ne débattrai rien sur le fond de l'affaire ; ce que j'en dirai aujourd'hui serait trop oublié lorsque les tribunaux pourront s'en occuper. C'est alors seulement que je publierai mon mémoire : c'est alors qu'on verra sur quelles pièces victorieuses mes calomniateurs ont été décrétés, sur quoi ils doivent être punis.

Ne perdons pas de vue la phrase du libelle.

Et maintenant que je suis instruit que le même sieur de Beaumarchais (car on n'apprendra pas ce FAIT sans un étrange étonnement) est aussi parvenu à se faire trouver digne de la confiance du gouvernement : et que parmi les chefs de l'administration, il en est qui n'ont pas rougi de traiter avec lui, et de mettre à profit, pour la circonstance actuelle, le genre de talent dont il est pourvu, etc.

La lâcheté ne peut aller plus loin.

Sitôt après cette lecture, j'ai rendu plainte au criminel contre le libelle et l'auteur, et j'ai permission d'informer ; ce que l'on fait en cet instant.

Un homme inculpe les ministres, en supposant entre eux et moi un vil traité par lequel je leur aurais vendu ma plume pour insulter leurs adversaires ; les ministres indignés, qui savent mieux que moi combien ces moyens sont peu faits pour la haute question qu'ils agitent, feront punir sans doute, et comme il le mérite, le menteur, l'insolent qui leur

manque ainsi de respect. Mais moi, contre qui
l'on n'invente cette infamie que pour me faire
des ennemis de tous les corps parlementaires,
et me broyer entre les deux partis en me dé-
signant pour auteur de mille sots pamphlets
qui courent (et c'est depuis un mois ce que
l'on répand à Paris); moi qui suis averti que
l'on ameute contre moi toutes les têtes échauf-
fées qui rôdent, qui bourdonnent à l'entour
du palais fermé; moi que des lettres anonymes
menacent d'un siége en ma maison, je saisis
cette occasion de déclarer publiquement
qu'aucune *personne qui tienne au ministère* n'a
invoqué ni mon esprit ni ma plume, *ni aucun
des talents dont* on me dit *pourra, pour les mettre
à profit dans la circonstance actuelle.* Je rends le
libelliste garant de tout le mal qui peut m'en
arriver.

Que si l'un des ministres eût cru devoir me
consulter sur les grands objets que l'on traite,
j'aurais cru de ma part lui manquer de respect en lui dissimulant mon opinion, quelle
qu'elle fût, puisqu'il désirait la savoir. Aucun
ne m'a fait cet honneur.

Une seule fois, je l'avoue, mais c'est dans
d'autres temps, les ministres du roi m'ont assez estimé pour me demander mon avis sur
une question parlementaire, sur la manière
dont je croyais qu'on dût rappeler les magistrats; c'était en 1774. Alors la France entière
estimait mon courage; alors tous les esprits
tendaient à rapprocher le roi des parlements,
l'auguste tête de ses membres; la forme seule
embarrassait; on cherchait à fixer les bornes
de la puissance intermédiaire. Vous permettez
donc, messeigneurs, leur dis-je, que je m'explique avec franchise! Je ne puis parler qu'à
ce prix. — Faites-nous, me répondit-on, un
mémoire court, élémentaire, où vos principes,
exposés sans enflure et sans ornements,

soient propres à frapper tout bon esprit qui pourrait manquer d'instruction.

Je le fis avec zèle : invoqué comme citoyen, j'offris une chétive pierre à la reconstruction de cet édifice de paix ; j'essayai d'y poser des bases ou plutôt de les découvrir; car elles existaient sous les décombres où l'aigreur des partis les avait enterrées. Que si je me trompais, c'était avec de bonnes vues. L'amour du bien m'interrogeait, l'amour du bien devait répondre. Je n'offrais pas dans mon travail l'ouvrage d'un grand écrivain, mais celui d'un bon citoyen.

Quoique mes vues n'aient pas été totalement suivies, elles me concilièrent assez l'estime de ces ministres pour qu'ils n'aient pas dédaigné de prendre mon avis sur d'autres affaires majeures.

Depuis quatorze années, je n'ai dit ce fait à personne; je l'ai tenu secret ainsi que beaucoup d'autres qui verront le jour en leur temps. Peut-être aurais-je pu m'en honorer dans l'occasion. Mais aujourd'hui, qu'on me suppose capable d'aider sourdement un parti, fort supérieur sans doute à ces ressources, par quelque ouvrage clandestin, je vais repousser cette insulte en joignant à ce court mémoire celui dont on me sut gré alors. Un des ministres existe encore; et des personnes respectables, de l'intime société de feu monseigneur le prince de Conti, auxquelles ce prince me pria de le communiquer devant lui, peuvent s'élever contre moi si je trahis la vérité. Je ne les préviendrai pas même que je les cite, pour qu'elles se rendent plus sévères. J'ajoute à ce fait celui-ci; c'est que ce prince, très-attaché au roi, surtout l'amant de la patrie, m'arrêtant court au fort de ma lecture, me dit avec cette chaleur qui lui gagnait toutes les âmes : *Aurez-vous le courage d'avouer que vous m'avez lu cet ouvrage?* — Tout le monde sait, monseigneur, que je n'ai rien de caché pour vous. — *Eh bien! Monsieur, assurez-les que, si c'est cela qu'on adopte, nous le signerons à genoux.* J'en rendis compte à Fontainebleau.

Quand on aura lu mon mémoire, on ne pensera pas que l'homme qui montrait ce zèle patriotique en 1774, et s'honorait aux yeux du prince d'une véracité courageuse, se déshonore en 1788 par des menées de libelliste.

Oh! si je connaissais ceux qui commandent ces écrits! car pour ceux qui les font, que pourrait-on leur reprocher? les affamés cherchent du pain; j'oserais dire à ces moteurs cachés, quelque parti qu'ils dominassent : à quoi servent tous ces pamphlets? Des escarmouches de hussards décident-elles une question d'État? Devant qui donc la faites-vous plaider par les plus vils des écrivains? Et qui prétend-on échauffer en injuriant des deux parts ce que le peuple aimait à respecter? O politiques imprudents! on altère par ces écrits l'amour et le respect du peuple, ces grands soutiens d'un État monarchique! Conducteurs d'un vaste troupeau! en lui lâchant ces animaux hargneux, vous apprenez au bœuf à essayer ses cornes! Il était si docile au joug! La domination de Louis XVI est si douce au meilleur des peuples! D'ailleurs, il est si essentiel qu'on respecte les magistrats. C'est un crime de lèse-nation, que d'atténuer, que de détruire ces deux grands pivots du bon ordre! Le meilleur des rois nous assure qu'il ne tend point à l'autorité arbitraire, et qu'il veut régner par les lois. De leur côté, les magistrats déclarent qu'ils maintiendront toujours les lois données par un roi si juste et si bon; car ils ne lui disputent rien sur son droit de législateur : seulement ils ne croient pas avoir le droit d'enregistrer l'impôt. Le roi désire à cet égard un unique enregistrement. Chacun voudrait se rapprocher des formes constitutionnelles. On n'en est pas si loin qu'on croit; l'aigreur seule a tout divisé. Pourquoi donc l'augmenter encore? Et pourquoi dire d'un côté que le roi veut tout envahir, et de l'autre que les grands, les parlements et le clergé veulent s'exempter de payer? Des écrits pleins de fiel sont-ils le véritable style des grands événements du jour? Est-ce dans un siècle éclairé qu'on traite ainsi la constitution? Que des écrivains sages, avoués, instruisent cette grande affaire! Que ce ministre magistrat dont on chérit le bon esprit, que M. de Malesherbes y joigne ses lumières! Assemblez les États; amenez-y le roi; montrez-le-nous comme on l'a vu à Cherbourg et aux Invalides, et toute la nation enchantée vole au-devant de son auguste maître, tombe à ses pieds, paye les dettes; et ce royaume, obscurci par l'orage, va reprendre tout son éclat.

CARON DE BEAUMARCHAIS.

GUÉBERT, *procureur.*

PIÈCES A L'APPUI

—

En 1774, les ministres du roi m'ayant fait l'honneur de me consulter sur la forme que je croyais la plus convenable au rappel des vrais magistrats, je leur remis ce faible ouvrage.

Le roi jure à son sacre de maintenir les lois de l'église et du royaume. Si les lois du royaume n'étaient que les volontés arbitraires de chaque roi, aucun n'aurait besoin de jurer à son sacre de maintenir les lois quelconques ; le serment serait dérisoire : nul ne s'engage envers soi-même.

Il existe donc, en tout état monarchique, autre chose que la volonté arbitraire des rois. Or cette chose ne peut être que le corps des lois et leur autorité, seul vrai soutien de l'autorité royale et du bonheur des peuples.

Au lieu de laisser à l'autorité royale la base à jamais solide et respectable des lois sur laquelle elle est appuyée, on est tombé dans une erreur très-nuisible à cette autorité en disant que le roi ne tient son droit *que de Dieu et de son épée* : phrase abusive et chimérique, qui ne présente qu'un tissu d'absurdités dont voici le tableau.

On ne doit pas dire que le roi ne tient son droit *que de Dieu*, parce que toute espèce de force, injuste ou non, peut également prétendre être émanée de Dieu, expression qui, dans ce cas, ne présente autre chose que le succès obtenu par le plus fort sur le plus faible, attribué à une volonté particulière de la Divinité ; droit abusif et qui serait détruit par les premiers efforts puissants d'un révolté, lequel, écrasant l'oppresseur, pourrait prétendre avoir acquis un droit également émané de Dieu, jusqu'à ce que le prince, retrouvant son avantage dans la supériorité d'une force nouvelle, acquît de nouveau, en soumettant le rebelle à son tour, ce prétendu droit de *Dieu*, qui n'est, comme on le voit, que le barbare droit du plufort ou du conquérant sur les vaincus, et ne peut jamais être un droit du roi sur ses propres sujets.

On ne doit pas dire non plus que le roi ne tient son droit *que de son épée*.

1o Parce que ce droit *de l'épée*, ou du conquérant, n'est pas plus un droit que celui qu'on prétend tenir de Dieu; c'est le même, et je viens d'en montrer le cercle vicieux.

2o Parce que le conquérant, ne pouvant acquérir le droit qu'il dit tenir de son épée qu'en employant celles de ses sujets, que la sienne ne représente qu'au figuré, ce terrible droit *de l'épée* appartient au positif à la nation conquérante qui prête son épée à son souverain. Il ne s'exerce au plus que sur les vaincus, mais ne peut nullement se rétorquer par le souverain contre la nation même qui l'a aidé à conquérir.

Ainsi Alexandre aurait mal raisonné de prétendre asservir la Macédoine, qu'il tenait de ses père, au droit *de Dieu et de l'épée*, parce qu'il avait conquis la Perse et l'Inde à la tête et par l'épée des Macédoniens ses sujets.

Donc, d'un roi juste à ses sujets, le droit *de l'épée* étant le même que le droit *de Dieu*, lequel ne représente que le droit du plus fort, n'est point du tout un droit, puisqu'il peut passer successivement à tous les partis qui auront eu l'art de se rendre les plus forts. Ce droit absurde ne fait que contraindre sans engager, sans jamais obliger; ce qui est tout l'opposé de l'autorité royale, fondée, non sur la force, mais sur la justice : autorité qui engage et oblige tous les sujets envers le prince aux conventions justes, raisonnables et sacrées, qui engagent à leur tour le prince envers ses sujets, et justement nommées à ce titre *lois fondamentales du royaume* (1).

Or ces lois (*quelles qu'elles soient*) doivent toujours exister en un lieu stable et sûr; leur maintien et leur exécution être confiés à la garde d'un corps de dépositaires indestructibles (*quels qu'ils soient*), préposé à la conservation constante du contrat qui fait la sûreté du prince et de son peuple : et voilà d'où naît le principe, autant disputé que peu connu, de l'inamovibilité nécessaire des magistrats.

(1) J'oserai dire, comme le grand Voltaire dans ses *Lettres*, en 1771 : Le plus beau titre à la couronne du roi qui nous gouverne est de la tenir d'une succession de soixante-cinq rois ses ancêtres.

L'inamovibilité des magistrats n'est donc point un privilège de la magistrature, mais un bien sacré, appartenant en propre à la nation entière, composée du prince et de son peuple.

Si les magistrats pouvaient être destituables à volonté ; si, pour consommer l'injustice, le plus fort avait la ressource de destituer les magistrats qu'il n'aurait pu corrompre ; s'il pouvait rompre ainsi la barrière qui sépare le juste de l'injuste, en ôtant au faible les seuls conservateurs des lois, il ne resterait plus d'autre lien de la société, d'autre soutien de l'État, que l'absurde droit du plus fort, également préjudiciable au prince et au peuple. Voilà le vrai fondement de l'inamovibilité de la magistrature.

Selon le droit divin, le droit des gens, celui des nations, et pour le plus grand avantage des rois et des peuples, tout homme qui a reçu le caractère sacré de magistrat, soit qu'il le tienne ou du prince ou du peuple, ou de tous les deux à la fois, est un homme national et public, dont il importe à tous que la fonction soit constante, indestructible, inamovible enfin, à moins que, par mort, démission volontaire, ou pour cause de forfaiture jugée légalement, il ne soit enlevé à cette fonction sacrée.

Selon moi, voilà les principes : tous les exemples pour ou contre ne sont que des exemples ; il n'y a que les principes qui puissent avoir ici une véritable autorité.

APPLICATION

Dans l'état présent des affaires (1), on ne rétablirait point du tout le principe fondamental que je viens de poser, si, en rappelant les anciens magistrats, on leur donnait de nouvelles provisions ; si on les soumettait à cette risible inamovibilité sous le sceau de laquelle les nouveaux magistrats ont siégé au palais. Les anciens magistrats ne doivent recevoir aucun ordre que celui de venir reprendre leurs fonctions, qui ne peuvent avoir été que suspendues, mais jamais anéanties.

Le principe de l'inamovibilité une fois reconnu, celui de la liberté des délibérations en dérive, en est le conséquence nécessaire. Si les préposés au maintien, à la conservation des lois, l'examen qu'ils font avant l'enregistrement de tous les édits du roi ne

(1) En 1774.

pouvant avoir d'autre but que de connaître si l'édit
est conforme ou contraire aux lois qu'ils ont juré de
conserver, cet examen emporte nécessairement la liberté de la discussion et celle des suffrages. Mais cette
liberté doit être renfermée dans des bornes très-fa-
ciles à poser. Si, d'un côté, elle donne le droit aux magistrats d'observer, de remontrer au roi, elle ne va
pas jusqu'au droit de s'opposer activement aux volontés expresses du souverain par des cessations de
service, des arrêts de défenses, etc.; car il ne peut
exister un tel ordre de choses dans l'État, que moi,
citoyen, je me trouve froissé entre l'édit du roi qui
m'ordonne de payer, sous peine de punition, et l'arrêt
du parlement qui me défend de payer, sous les mêmes
peines.

Il ne peut y avoir dans tout État monarchique
qu'une seule puissance active et exécutive, qui est
celle du prince : la puissance des magistrats n'est que
passive et négative; et c'est en cela même que con-
siste sa force.

Le roi veut faire passer un édit: cet édit est juste ou
injuste. Si les magistrats ne croient pas en conscience
pouvoir lui accorder la sanction de l'enregistrement
qui lui constitue un caractère légal, quand ils ont délibéré, observé, remontré, refusé d'enregistrer, résisté
aux lettres de jussion, si le roi va plus loin, le ministère du magistrat est fini; tout ce qu'il ferait au delà
serait séditieux et tendrait à la rébellion.

Le seul refus des magistrats de concourir au mal,
en respectant l'autorité du roi, même lorsqu'elle s'égare,
est toujours suffisant pour arrêter le mal, ou du moins
l'empêcher de s'accroître. Mais ce refus et leur inaction fussent-ils insuffisants, le magistrat ne peut aller
plus loin sans désobéissance et sans révolte. Il en résulte seulement que le roi, ayant fait d'autorité une
chose contraire aux lois, ne peut plus invoquer le
concours de ses tribunaux pour la faire exécuter. La
force l'a créée, la force doit la maintenir : c'est alors
l'affaire des soldats du roi, et non celle de ses magistrats, qui ne peuvent ni ne doivent connaître d'aucune discussion relative à l'acte qu'ils n'ont pu légalement reconnaître.

Ainsi, dans l'état actuel des choses (1), les anciens
magistrats ont outre-passé leur droit respectable, et

(1) En 1774.

sont sortis du devoir en voulant forcer la main au feu roi par des arrêts de défenses, et par une cessation de services qui n'était ni à leur choix ni en leur pouvoir. S'ils en ont été trop sévèrement punis, ce n'est pas ce que j'examine, on peut les en dédommager.

CONCLUSION

Si tout ce que je viens d'établir est juste, il en résulte que, dans les lettres qui feront rentrer le Parlement, ce corps doit être purement et simplement rappelé à ses fonctions, et non recréé à des fonctions nouvelles; car les siennes n'ont pu être anéanties (1).

Dans l'édit du règlement, il me paraît que la borne du pouvoir négatif et passif peut être facilement posée entre le refus de concourir par l'enregistrement et la coaction à ce qui paraît injuste (et c'est le dernier terme de la fonction du magistrat), et la liberté de s'opposer à la volonté du roi par des arrêts de défenses et des cessations de service, ou tous autres moyens actifs qui lui sont interdits et ne lui appartiennent nullement. Tout le reste n'est qu'une dispute de mots, ou des combats de haine personnelle.

Voilà mes idées, que je soumets avec respect au jugement des personnes éclairées qui daigneront en prendre connaissance.

Signé: Caron de Beaumarchais.

N. B.— Pour ôter aux méchants tout moyen de me nuire, en supposant que j'ajuste aux événements actuels un mémoire faux, imaginaire, j'ai déposé au greffe la seule copie qui m'en reste, écrite alors par mon beau-frère, mort il y a près de six ans.

Qu'il me soit permis d'ajouter a cette profession de foi une autre preuve de mon horreur pour ce qui peut aigrir les cœurs et les esprits. Un sujet très-frivole en avait fourni l'occasion; il n'en montre que mieux quelle est ma règle de conduite en tout genre d'affaires où l'État est intéressé.

(1) Mais, dira-t-on, ils les tiennent du roi. — Ah! cherchez un autre argument. Un bon père ôte-t-il la vie à ses enfants parce qu'ils la tiennent de lui? Et quelle vie précieuse que celle des magistrats!

Lettre de M. de Beaumarchais à M. Saiffert, laquelle a été répandue.

Paris, ce 30 mai 1789.

Vous me mandez, mon cher ami, qu'il se répand dans le public des pamphlets contre les magistrats, et qu'on a l'infamie de m'en attribuer quelques-uns.

Ma religion, vous le savez, est de ne rien écrire sans y mettre mon nom. Si quelque chose m'a fait distinguer M. de M*** des autres écrivains satiriques, c'est qu'il s'expose franchement à la vengeance de ceux qu'il blesse, et que signer même un outrage est un genre de loyauté.

Jugez, par les lettres suivantes, si j'approuve les moyens vils, les sarcasmes et les libelles sur une question majeure qui intéresse la nation entière. Toute preuve est bonne à produire dès qu'elle marche à son but.

Les comédiens français ont voulu jouer *la Folle Journée* à l'instant où le Palais s'est fermé ; ils s'y portaient avec un empressement obligeant pour l'auteur : ils ont voulu lever l'obstacle que l'intérêt des pauvres me faisait mettre à sa reprise : ils m'ont écrit, ont distribué les rôles, et moi je vous envoie mes réponses à leur *semainier ordinaire*. Faites-en l'usage qu'il vous plaira, *Vale*.

Lettre à M. Florence, pour la Comédie-Française.

10 mai 1788 (1).

Je pars à l'instant pour Chantilly, mon cher Florence. N'ayant reçu aucune nouvelle de vous sur la remise à M. Rouen, notaire de l'institut de bienfaisance, des sept mille six cents livres provenant du produit de la cinquantième représentation du *Mariage de Figaro*, donnée en faveur des mères qui nourrissent, j'en ai conclu que la Comédie persistait dans le refus de me faire cette justice, et, de ma part, j'ai cru devoir garder ma résolution de ne plus laisser jouer la pièce qui donne lieu à une telle difficulté. Si je me trompe, et que la Comédie ait envoyé à M. Rouen une recette que ni la Comédie ni moi n'avons droit d'employer à aucun autre usage, il ne me

(1) A cette époque, il n'était point question des bruits qui depuis ont couru sur moi.

reste plus qu'une remarque à vous faire, et je vous prie de la communiquer aux personnes les plus raisonnables du Théâtre-Français. C'est qu'il peut paraître étrange et peut-être indécent que la Comédie choisisse un instant d'affliction de trouble et de deuil, pour remettre au théâtre la pièce la plus gaie qu'elle ait au repertoire, et surtout à cause de l'audience du troisième acte, qui pourrait être envisagée comme un projet formé par les comédiens et par moi d'opposer le tableau du ridicule d'un sot juge à la véritable douleur dans laquelle la magistrature est plongée.

En tout état de cause, et si mon avis a la moindre influence, je crois que l'instant de remettre *la Folle Journée* est mal choisi pour la décence publique, pour la respectueuse circonspection dans laquelle un auteur citoyen doit se renfermer aujourd'hui, et pour l'intérêt de la Comédie, qui ne peut espérer de voir à ce spectacle un seul homme qui tienne aux tribunaux ; car ils sont tous dans l'inquiétude et la consternation sur les suites du coup d'autorité actuel, quel qu'en puisse être le motif.

Je vous invite donc à renvoyer à d'autres temps la remise d'une pièce qui serait justement désapprouvée dans celui-ci.

Je suis, etc.

Autre lettre du même au même.

Samedi, 10 mai 1789, en montant en voiture.

Après vous avoir écrit ce matin, mon cher Florence, mon âme s'est de plus en plus attristée sur toutes les nouvelles que j'apprends. Quel homme peut être assez mal né pour s'égayer dans cet instant de trouble général ! A Dieu ne plaise qu'on puisse me reprocher d'avoir laissé reprendre au théâtre un ouvrage plaisant de moi, lorsque la France est dans les larmes !

Je m'oppose donc, autant qu'il est en moi, à ce qu'on donne *la Folle Journée* ; et si j'avais quelque crédit, j'irais plus loin sur le spectacle.

Communiquez, je vous prie, cette lettre à tous messieurs les comédiens, et faites-moi là-dessus, en leur nom, une réponse qui me tranquillise.

Je vous salue, et suis, avec confiance en votre sagesse, mon cher Florence, votre, etc.

P. S. à M. Saiffert.

Jugez vous même, mon ami, si l'homme qui s'exprimait ainsi, il y a un mois, devient assez vil aujourd'hui pour servir l'un des deux partis, en faisant des pamphlets contre l'autre.

Signé BEAUMARCHAIS *le cultivateur.*

En tout ceci, je crois qu'on n'aperçoit ni intrigue ni esprit de parti. A chaque événement important, la première idée qui m'occupe est de chercher sous quel rapport on pourrait le tourner au plus grand bien de mon pays. Mes portefeuilles sont pleins de ces efforts patriotiques qui m'ont valu l'estime de tous les hommes d'Etat à qui j'ai pu me faire entendre : et pendant que la basse envie se traine, et siffle, et bave autour de moi, je saisis toutes les occasions de faire le peu de bien que la fortune met au pouvoir d'un particulier citoyen.

Un ou deux exemples de plus pourront en donner quelque idée.

En 1779 la guerre venait de s'allumer. Le commerce découragé n'envoyait plus en Amérique; aucun corsaire n'armait plus. Nos parages étaient infestés.

Les ministres du roi me demandèrent si je savais quelque moyen de ranimer cette vigueur éteinte. Je leur offris *l'observation* suivante : et j'ai le bonheur aujourd'hui de voir le roi et la nation d'accord sur le touchant objet que je traitais avec chaleur en 1779.

A M. de Sartines, en lui envoyant l'Observation d'un Citoyen adressée aux Ministres du Roi.

Paris, le 19 février 1779.

MONSIEUR,

En vous faisant mes remercîments du brevet de capitaine que vous m'avez envoyé pour M. de Francy, j'ai l'honneur de vous adresser ma petite motion en faveur des négociants protestants. Vous trouverez tous les esprits bien disposés. M. le comte de Vergennes, à qui j'en envoie une copie, m'a promis de vous soutenir fortement lorsqu'il en sera question là-haut. Aucun acte de bonté ne peut vous gagner plus de gens honnêtes, et les protestants le sont beaucoup

Il est grand de les protéger;
Puisse mon zèle ardent vous plaire,
Et mon travail encourager
Le bien que vous voulez leur faire!

Mais le temps presse, parce qu'il s'agit de les engager d'armer; et c'est ce que je me propose de faire dans mon très-prochain voyage à Bordeaux.

Vous connaissez, Monsieur, mon tendre et respectueux dévouement.

                    Signé Caron de Beaumarchais.

A M. le comte de Maurepas, en lui envoyant l'Observation d'un Citoyen adressée aux Ministres du Roi.

                        Paris, le 19 février 1779.

Monsieur le comte,

Dans le besoin extrême où le commerce est d'encouragements, je creuse mon cerveau, et je me rappelle que, dans mon dernier voyage à Bordeaux, les négociants protestants m'ont parlé avec une grande amertume de leur odieuse *exclusion de la chambre de commerce.* Je ne pouvais revenir de mon étonnement sur ce reste d'intolérante barbarie : je vis qu'au prix d'une grâce légère on pourrait bien les engager à mettre des navires à la mer.

J'en ai parlé M. de Sartines, à M. de Vergennes; ils sont absolument de mon avis : car les catholiques, voyant les protestants s'évertuer, ne voudront pas rester en arrière, et tout peut marcher à la fois.

Qui connaît mieux que vous l'art de conduire les hommes? Vous savez bien que c'est avec de tels moyens qu'on les mène au feu, à la mort. Je n'ai pas besoin de vous dire que M. Necker approuve ma petite motion. Elle l'a même un peu ramené à moi, après une conversation assez austère sur la conduite des fermiers généraux, auxquels il m'a promis de parler.

Qu'il fasse accorder le *transit* ou *transeat* à travers le royaume, que M. de Sartines écrive la courte lettre insérée dans mon *Observation* ci-jointe, et que vous me mettiez ces deux armes à la main dans mon très-prochain voyage à Bordeaux, je vous promets d'en user assez bien pour inspirer un nouveau zèle à tous ces commerçants découragés. En allant demain chercher à Versailles les paquets de MM. de Vergennes et de Sartines pour l'Amérique, j'aurai l'honneur de vous communiquer une idée aussi simple que lumineuse pour effectuer sans éclat le grand objet dont M. le comte de Vergennes et moi vous avons entretenu lundi.

Le zèle de la maison du Seigneur m'enflamme, et vos bontés pour moi renouvellent mes forces que le travail épuise.

Je suis, avec le plus profond respect, etc.

Signé : CARON DE BEAUMARCHAIS,

Observation d'un Citoyen adressée aux Ministres du Roi.

(Remise, le 26 février 1779, à chaque ministre du roi.)

L'administration la plus active et la plus éclairée ne pouvant tout voir, moins encore deviner ce qu'on a souvent intérêt de lui cacher, ne saura pas mauvais gré au citoyen voyageur qui aperçoit quelques abus, de les lui mettre sous les yeux, lorsqu'ils sont aussi faciles à réprimer que pernicieux au bien national.

De tous ces abus, celui qui m'a le plus indigné dans mes voyages, par son injustice et le mal qu'il apporte aux affaires, est l'usage absurde par lequel un négociant protestant, quelles que soient sa fortune et sa considération, n'est jamais appelé ni admis dans bien des chambres de Commerce.

Lorsque les Anglais, plus acharnés contre les papistes que nous ne le sommes contre les anglicans, adoucissent aujourd'hui le sort des malheureux catholiques dans les trois royaumes, et nous donnent un si bel exemple sur la tolérance civile; et surtout lorsque le roi de France a daigné confier l'administration de ses finances à un homme de génie qui n'est ni Français ni de la religion du prince, n'est-ce pas le moment de présenter la réclamation que je fais *d'office*, pour tous les négociants protestants du royaume, du droit de concourir avec les catholiques au bien qui résulte de l'institution et des assemblées d'une chambre de Commerce en chaque ville opulente ?

La religion ni l'état civil du citoyen n'entrant pour rien dans le but de ces assemblées, et leurs délibérations ne portant jamais que sur des objets de haut

négoce, ou sur les ordres du ministre à transmettre
au commerce, ou sur les observations respectueuses
des négociants à soumettre au ministre, un grand
concours de forces et de lumières n'est-il pas la seule
chose que l'administration puisse et doive désirer en
tous ceux qui composent les chambres du Commerce ?

Or, quand il ne serait pas d'expérience reconnue que,
dans nos ports, les maisons protestantes sont les
plus riches et les mieux fondées de toutes : quand il
ne serait pas prouvé que personne n'y contribue plus
galment, plus abondamment et de meilleur grâce, au
soulagement des malheureux, à toutes les charges
imposées à cet effet; et quand il ne serait pas certain
qu'en toute occasion ces maisons donnent aux autres
sujets du roi l'exemple du dévouement et du patriotisme, un simple raisonnement convaincrait que
ces utiles familles, éloignées par la différence du culte
de tout ce qui s'offre à l'ambition des catholiques, et
forcées par cette exclusion de chercher la considération dans une continuité de travaux du même
genre, doivent devenir en peu de temps les colon-
nes du commerce et les plus fermes soutiens de cet
état honorable.

Dans nos grandes villes, mais notamment à Bordeaux, si l'on rassemblait les biens de tous les nego-
ciants protestants, on trouverait que la masse et
l'étendue de leurs affaires forment un capital immense, et que leur industrie augmente considérable-
ment les revenus de l'État. Les enfants y succédant
aux pères, et consolidant de plus en plus le crédit,
les ressources et les richesses de ces maisons, ils per-
fectionnent la branche que leurs parents ont embrassée, et, tels que les *Télussons*, les *Audiberts*, les *Van-
roués*, les *Cottins*, les *Sémandis*, les *Jauges*, et mille
autres, ils contribuent beaucoup plus au progrès du
commerce et des arts que les maisons catholiques,
lesquelles ont à peine acquis un peu de fortune,
qu'elles songent à tirer leurs enfants du négoce, qui
les enrichit, pour les attacher aux emplois, les élever aux charges, et leur assigner sottement un milieu
presque nul entre la classe honorable des utiles négociants et la classe honorée des nobles inutiles.

Ce n'est donc pas la bienfaisance connue de Sa Majesté que j'implore ici pour des hommes honnêtes *qui
ne m'en ont pas chargé;* c'est la politique éclairée de

son conseil que j'invoque, pour attacher de plus en plus à leur état, au commerce, à la patrie, les chefs des maisons protestantes, par leur admission dans les chambres de Commerce ; j'offre ici le moyen facile d'augmenter ou de récompenser leur émulation par la plus juste et la plus simple des grâces, la seule qu'on puisse accorder peut-être aux négociants protestants, jusqu'à ce qu'un temps plus heureux permette enfin de rendre à leurs enfants la légitimité civile, qu'aucun prince de la terre n'a droit d'ôter à ses sujets (1).

J'offre donc un moyen facile d'attacher à l'État une foule de familles dont le gouvernement a de tout temps éprouvé le zèle, et qui brûlent de concourir de leurs travaux, de leurs lumières et de leur fortune, au bien général du commerce, dont il est reconnu qu'elles sont le plus solide appui.

De même qu'on ne s'informe pas, en les sacrant, si nos prélats sont calculateurs, ne peut-on pas ignorer, en les nommant aux chambres, si nos armateurs sont orthodoxes, et garder pour les synodes théologiques ces distinctions de catholiques et de protestants qui divisent tout dans les affaires ? Eh ! le premier moyen de réunir enfin les sujets de l'État à la même doctrine est de les rapprocher dans tous les cas permis, de limer tant qu'on peut ces petites aspérités qui rendent les hommes si raboteux et si injustes les uns envers les autres !

Il n'est pas besoin d'arrêt du conseil pour faire le bien que je sollicite ; une lettre du ministre au nom du roi suffit : laquelle, sans s'expliquer sur des points de division étrangers au commerce, dirait simplement que « Sa Majesté, désirant augmenter la concorde et l'union parmi les négociants de ses villes et ports de mer, et sachant que, dans les gens du même état, la jalousie qui naît des préférences éternise les haines et nuit toujours au bien public, elle veut que tous les hommes reconnus pour honorables dans le haut négoce puissent jouir désormais de l'admission dans les chambres de Commerce, sans autre distinction que celle qui naît de la considération que chacun s'acquiert dans la partie qu'il a embrassée. »

Et moi qui l'ai bien étudié, j'ose répondre aux sages ministres qui me lisent que cette légère faveur

(1) Ce temps heureux vient d'arriver, grâce au cœur généreux du roi.

va devenir un puissant aiguillon dans nos ports, et qu'elle suffit, quant à présent, pour porter les maisons protestantes à seconder avec joie les vues du gouvernement, par des équipements pour l'Amérique, ou des armements de corsaires contre nos ennemis, ce qui est fort à considérer, et ce qu'il importait de dire en cet instant marqué de découragement général.

Signé : CARON DE BEAUMARCHAIS (1).

Dans un instant plus désolant encore, en mai 1782, lorsqu'on apprit la défection du 12 avril et la prise du vaisseau amiral que commandait M. de Grasse, M. de Vergennes, bien triste, m'ayant dit que le roi en était mortellement affligé, je cherchai sur-le-champ comment on pouvait tourner cet échec au bien de la nation française, en inspirant à notre roi une très-haute idée de l'attachement de son peuple. Alors j'imaginai que, si chaque ville offrait un vaisseau à Sa Majesté, ce généreux patriotisme ferait une diversion heureuse au désastre d'une journée.

Je fis d'abord répandre quelques louis dans divers cafés de Paris, faisant crier partout *souscription, souscription!* Bien certain qu'indépendamment du caractère national, en attaquant la sensibilité des pauvres, on arrive bientôt jusqu'à la vanité des riches. Ma tentative eut son effet, et l'ardeur devint générale. J'avais envoyé cent louis à l'un des clubs de la capitale; j'en avais envoyé sept cents à nos sept chambres de Commerce, avec cette lettre circulaire

Lettre aux sept chambres du Commerce, en envoyant cent louis à chacune (2).

Paris, le 27 mai 1781.

MESSIEURS,

Au milieu des succès qui nous allaient donner une paix glorieuse, la malheureuse issue du combat de M. de Grasse ne pourrait que retarder cette paix, après laquelle nous soupirons tous. Mais il y a tant de patriotisme en France, que tous les bons sujets du

(1) Les copies déposées au greffe de ces lettres, et celles écrites à ce sujet à M. le comte de Vergennes, à M. Necker, et la copie de ce mémoire, sont de la main de deux de mes anciens commis établis depuis cinq années au continent de l'Amérique.
(2) Dunkerque, le Havre, Rouen, Nantes, la Rochelle, Bordeaux et Marseille.

roi doivent se réunir pour réparer promptement la
perte de quelques vaisseaux qui nous manquent. Déjà
les souscriptions s'établissent en foule dans la capitale pour ce grand objet. Dans la persuasion où je
suis, Messieurs, que les villes de commerce maritime
ne resteront pas en arrière, je vous prie de vouloir
bien me coucher, en ma qualité d'armateur, pour
cent louis dans la souscription que je vous invite à
ouvrir. Il me semble qu'un vaisseau de ligne offert
au roi, et portant le nom de la ville qui lui en fera
hommage, ne peut qu'être agréable à Sa Majesté.
Donnons-lui de nouveau la satisfaction de connaître
que, si nous avons le bonheur d'avoir un excellent
maître, il a le bonheur aussi de régner sur une excellente nation.

Je suis avec le plus profond respect,

MESSIEURS,

Votre, etc.

Signé : CARON DE BEAUMARCHAIS.

Quand mes paquets furent partis, j'écrivis à M. de
Vergennes la lettre dont je joins copie avec celle de sa
réponse. Mais je dois attester, pour l'honneur de notre
nation, que toutes celles de nos ports m'ont convaincu que cette grande idée avait saisi tout le monde à
la fois.

*Lettre à M. le comte de Vergennes, en lui envoyant
copie de ma lettre circulaire aux chambres de
Commerce.*

Paris, le 28 mai 1782.

Monsieur le comte,

Je ne sais si vous approuverez une idée à laquelle
je me suis livré avec joie. Si, par malheur, vous ne
l'approuviez pas, il ne serait plus temps d'en arrêter
l'effet; car je n'ai l'honneur de vous en faire part
qu'après m'être assuré de son succès autant qu'il est
en moi.

J'ai l'honneur de vous adresser la copie de ma lettre
circulaire aux sept chambres de commerce maritime,
en leur envoyant à chacune cent louis, comme j'en ai
remis cent à un club de Paris, en tout huit cents louis,
pour échauffer tous les cœurs, et porter ces villes à
former des souscriptions qui puissent consoler au

,moins la France du terrible échec que M. de Grasse vient de lui faire éprouver.

Vous connaissez le très-respectueux dévouement vec lequel je suis,

Monsieur le comte,

Votre, etc.

Signé : Caron de Beaumarchais.

Réponse de M. le comte de Vergennes à M. de Beaumarchais.

Je n'ai pas le droit, Monsieur, d'approuver ; mais, comme citoyen, j'applaudis de tout mon cœur au sentiment énergique que vous communiquez à vos compatriotes. Je me flatte que votre exemple aura le plus grand succès dans nos villes de commerce ; elles ont assez profité dans le cours de cette guerre, et elles ont tant à espérer d'une paix équitable qui laisse à l'industrie tout son essor, que je ne puis imaginer qu'il y ait dans la classe des négociants des âmes assez froides pour se refuser à votre proposition. Quelque succès que puisse avoir votre démarche, elle n'en fait pas moins d'honneur à votre zèle, et c'est avec bien de la satisfaction que je vous en fais mon compliment.

Je suis très-parfaitement, Monsieur, votre etc.

Signé : de Vergennes.

A Versailles, ce 29 mai 1782

Je copie au hasard une des sept réponses des chambres du Commerce. Elle suffit pour rappeler de quel feu tous les cœurs français furent embrasés au même instant.

Lettre de la chambre de Commerce du pays d'Aunis à M. de Beaumarchais.

La Rochelle, le 10 juin 1782.

Monsieur,

Nous avons reçu la lettre que vous nous avez fait l'honneur de nous écrire le 28 du mois dernier, par laquelle vous nous invitez à ouvrir une souscription, à l'exemple de la capitale, afin de contribuer à réparer la perte que la marine du roi vient d'éprouver, et vous désirez, Monsieur, y être compris pour cent louis. Nous sommes très-flattés que vous nous adres-

slez en particulier les sentiments dont vous êtes
animé pour le prince et pour la patrie, et de ce que
vous nous mettez à même d'en consigner les preuves dans les registres de notre chambre. Aussitôt que
le commerce de la Rochelle aura pris un parti, nous
remplirons votre commission, Monsieur, avec d'autant plus de plaisir qu'elle deviendra un titre pour
vous considérer *parmi les concitoyens de cette ville.*

Nous avons l'honneur d'être très-véritablement
Monsieur,

Vos très-humbles et très-obéissants serviteurs,

Les directeurs et syndics de la chambre
de Commerce du pays d'Aunis.

Signés : Denis, Jacques Guibert,
Lechelle. B. Giraudeau.

Toutes ces pièces et les suivantes vont être mises au
greffe, en origina, non pour ma justification (je ne
suis qu'outragé, et c'est moi qui poursuis, mais pour
qu'une race infernale, qui ne subsiste que par la
vente des infamies qu'elle fait imprimer, soit punie,
et que ces écrits excitent la vindicte publique, que
les outrages particuliers laissent trop souvent à la
glace.

Attaqué lâchement sur tous les instants de ma vie,
j'espère qu'on me pardonnera si, dans cette occasion
forcée, je soulève un coin du rideau. Un honnête
homme ne doit parler de lui qu'à la dernière extré-
mité. Ce moment est venu pour moi. Articulons un
autre fait.

Au mois de novembre 1782, M. le comte d'Estaing
(on peut bien s'honorer d'un si noble témoignage.)
M. le comte d'Estaing avait assez présumé de mon
zèle pour me croire digne de l'aider à remplir une
importante mission du roi, tendant à rapprocher
la marine royale de celle du commerce, suivant le
bon système anglais. La lettre de Sa Majesté à M. le
vice-amiral était conçue ainsi :

Lettre du Roi à M. le comte d'Estaing.

« Mons le comte d'Estaing, je vous ai choisi pour
aller faire entendre, en mon nom, à la place de
commerce de Bordeaux la satisfaction que j'ai de la
fidélité et de l'attachement que les négociants de mon

royaume se sont empressés de me donner (1) : j'attends d'eux une nouvelle marque de leur zèle ; vous leur demanderez de vous indiquer ceux d'entre les officiers marchands employés sur leurs bâtiments qui leur paraîtront pouvoir contribuer à soutenir la dignité de mon pavillon et la prospérité de mes armes dans une guerre dont l'avantage de mes sujets et la liberté du commerce sont l'unique objet. Je vous autorise à promettre, en mon nom, à tous les officiers marchands qui vous seront présentés, et que vous reconnaîtrez susceptibles des fonctions auxquelles je les destine, un état permanent, honorable, et tous les avantages de distinction que doivent attendre de leur patrie ceux qui se sacrifient pour elle. Sur ce, je prie Dieu qu'il vous ait, mons le comte d'Estaing, en sa sainte garde. Écrit à Versailles, le 20 octobre 1782.

» *Signé :* LOUIS.
» *Signé :* CASTRIES. »

M. le comte d'Estaing m'écrivit à Bordeaux ; je l'y attendais ; il arrive, me dit son plan, mon cœur s'enflamme ; je rassemble à l'instant l'élite de nos négociants, je propose une souscription pour commencer cette grande entreprise : j'y mets le premier cinq cents louis ; en deux heures j'ai trente signatures et la somme de cent mille écus. La présence de M. le comte d'Estaing avait enflammé tous les cœurs (2).

Forcé de se rendre à Cadix, M. le comte d'Estaing me laisse à la besogne, et m'écrit du fond de l'Espagne ce peu de mots encourageants :

A Saint-Vincent, ce 12 novembre 1782.

« Vous n'êtes pas du nombre de ceux qui rendent la reconnaissance pénible. Trouvez bon que je vous

---

(1) A l'occasion des vaisseaux dont je viens de parler.
(2) Je ne puis me refuser au plaisir de faire connaître à la France tous les négociants patriotes qui formèrent avec moi cette première souscription de cent mille écus.
MM. J. Bujac, Touya, Jauge et Dupuis, Testard et Gaschet, Camescasse, La Noix, Weiss et Emmert, Gorse frères et Bontemps, Féger et compagnie, George Streckeisen ; du Tasta, Brunaud frères et fils, Bonesous Fabre et compagnie, le Sage et compagnie, Sers et Barbier, David Eimar et Einsar frères, Gérand et Texier, Loriague, P. Texier, Barthez, J. B. Dussumier, Baour et compagnie, du Puch, Brouer Doscher et Ruette ; Overman et Meyer, Labat de Serenne, Paul Nairac et fils aîné, la Thuillière, Grignet, Candeau.

témoigne en partie ce que la chose vous doit, en vous envoyant l'extrait copié mot à mot de ce que je mande à M. le marquis de Castries; ce sera un fardeau que j'aurai de moins. Je sais très-bien que la réussite de l'objet vous plaira encore davantage; mais m'acquitter avec vous me portera bonheur... Allez de l'avant; ma plume n'y va plus; le courrier part; et je ne puis que vous assurer que j'ai l'honneur d'être avec tous les mêmes sentiments que vous avez la bonté d'avoir pour moi. »

(Au dos de laquelle lettre est écrit ce qui suit :)

« MONSIEUR,

» Votre, etc.

» *Signé* : ESTAING. »

Extrait de la lettre de M. d'Estaing à M. le marquis de Castries, en date du 12 novembre 1782.

« Le bonheur que j'ai, Monsieur, de vous dépeindre un mouvement de patriotisme aussi louable, a été occasionné par les sentiments que renouvelle dans le cœur de tous les Français le prochain passage du frère du roi (1); il a été dû aussi aux soins de M. de Beaumarchais : son exemple, soutenu par les charmes de la persuasion qu'il sait employer, est si communicatif, que, s'il avait existé des cœurs froids, il les aurait échauffés. *Je vous supplie de ne pas laisser ignorer sa conduite à Sa Majesté.* Je souhaiterais que ceux qui seront chargés auprès des places de commerce d'une commission aussi flatteuse que celle que je viens de remplir, trouvassent les mêmes secours et eussent les mêmes facilités.

Pour copie conforme à l'original,

Signé : ESTAING

Non, je ne trouvai point de cœurs froids à Bordeaux. S'il s'éleva quelques débats, ils avaient tous leur source dans la noble émulation des négociants des deux religions pour concourir aux grandes vues de M. le comte d'Estaing.

Je n'ai jamais douté que le ministre du roi n'ait mis sous les yeux de Sa Majesté cette lettre du vice-amiral. Cependant quelque temps après... O douleur!... Mais ne rappelons point cette époque de ma vie, ni le

(1) Monseigneur comte d'Artois revenait alors d'Espagne.

succès qu'eut une intrigue sur l'esprit d'un roi juste et bon. Je ne veux que me disculper, sans argumentor ni me plaindre 1).

Lecteur, vous me voyez tel que je fus toujours.

Ce qui m'anime en tout objet, c'est l'utilité générale. Et lorsque je demanderai justice des calomnies atroces dont ces lâches libellistes m'ont couvert pour la grande part que j'ai eue à l'importante séparation de l'Amérique et de l'Angleterre, lorsque je montrerai les preuves des travaux, du zèle inouï avec lesquels j'ai concouru à cet événement majeur qui distingue notre siècle ; lorsque je prouverai l'excellence de mes envois, l'activité de mes secours à ces peuples si malheureux, les remerciements de leurs chefs, et ma fière et noble conduite sur le retard de leur acquittement depuis qu'ils sont des souverains, tous les bons cœurs s'enflammeront de la plus juste indignation. Après avoir admiré mon courage, ils admireront ma patience avec tant de moyens d'écraser les mille et une têtes du monstre.

Ce sera l'un des grands objets de mon dernier mémoire sur la dégoûtante affaire Kornman, dans laquelle j'ose attester qu'aucun autre homme délicat ne se serait mieux comporté. Je prouverai qu'en cette affaire ma seule compassion connue me coûte au moins vingt mille écus.

Et peut-être ouvrirai-je un portefeuille immense rempli de titres, *sans valeurs*, des secours que j'ai prodigués à des milliers d'infortunés.

Que si je ne soulage pas tous les malheureux qui me pressent, c'est qu'autant la scélératesse m'outrage loin de mes foyers, autant que je m'y vois accablé par des demandes innombrables. Je reçois vingt lettres par jour sur des besoins de toute espèce. Tous les matins mon cœur est déchiré. Mais, hélas ! aucune fortune ne peut suffire à soulager tant d'infortunés à la fois.

Tout ce qui m'environne sait qu'à peine j'ai le temps de lire la quantité de lettres douloureuses qui m'arrivent de toutes parts. Je fais mon choix comme je puis, le reste n'est point secouru : souvent, bon Dieu ! pas même répondu.

1) Eh ! pourquoi me plaindrais-je encore ? J'ai cessé d'être malheureux. Oui, j'ai dû à M. de Calonne que le roi lût ma justification : c'est tout ce que je désirais. L'attachement de ma vie entière n'acquittera point ce service.

Mais laissons de tristes détails. Je veux terminer ce mémoire par une légère et nouvelle preuve que l'intérêt patriotique est toujours ce qui me remue, et que c'est sous ce grand rapport que les événements me frappent.

En janvier 1787, lorsque toute la France avait les yeux sur M. de Calonne, que chacun louait et blâmait sa grande assemblée des notables, voici ce que je lui mandais du coin de mon humble foyer.

A M. le contrôleur général.

Paris, le 4 janvier 1787.

Monsieur,

Je ne vous offre point un souhait de bonne année, mais de bon événement. Quoi qu'il puisse arriver, vous ne mourrez pas sans gloire, *car vous avez compté pour quelque chose une nation généreuse et qui sent tout le prix de ce qu'on fait pour elle.* Dieu bénisse Louis XVI et vous! Si jamais vous formez une assemblée d'hommes qui vous chérissent, je briguerai l'honneur d'être un de vos notables.

Mon attachement va sans dire, ainsi que le respect avec lequel je suis,

Monsieur,

Votre, etc.

Signé : CARON DE BEAUMARCHAIS.

Réponse de M. le contrôleur général à M. de Beaumarchais.

A Versailles, le 8 janvier 1787.

J'attache trop de prix, Monsieur, à votre opinion, pour n'être pas infiniment flatté des choses obligeantes que vous me marquez. L'assurance que vous y joignez de vos sentiments, et la manière dont vous les exprimez, m'est aussi agréable que le serait pour moi l'occasion de vous donner de nouvelles marques de tous ceux que vous m'avez inspirés, et avec lesquels je suis,

Monsieur,

Votre, etc.

Signé : DE CALONNE.

Telles ont été mes intrigues : voilà mes pamphlets : qu'on me juge, et non sur les imputations des plus vils calomniateurs. Ils n'ont cessé de me poursuivre, à la cour, à la ville, et partout. Et moi, qui rejette bien loin tout ce qui trouble mon repos, j'ai dédaigné de leur répondre. Je le dédaignais d'autant plus, que je savais que cette sale intrigue, ces calomnies, ce style d'un prédicant fou, cette éloquence du baquet, et ces rêves d'un somnambule, ne sont mis en avant que pour m'impatienter, me lasser, enfin m'arracher de l'argent pour acheter la paix et leur silence : et je ne me désespère pas d'en fournir une preuve de la main même de l'un d'eux.

Mon grand mémoire paraîtra quand les tribunaux seront ouverts, et que l'instance pourra être jugée. Je ne laisserai rien sans réponse ; les honnêtes gens se-ront contents de moi.

Pierre-Augustin CARON DE BEAUMARCHAIS.

NOTE IMPORTANTE

Ce mémoire s'imprime si vite, et l'obligation où je suis d'échapper au mépris public, aux dangers personnels dont je suis averti et menacé, est si pressante, que, ne pouvant obtenir le dépôt de ces pièces au greffe aussi promptement que ma sûreté l'exige, et tel que je l'annonce en deux endroits de ce mémoire, à cause des circonstances fâcheuses qui font languir toutes les affaires, je prends le parti de les déposer chez un notaire, Me Mommet, ce qui revient au même, pour assurer leur authenticité. Elles retourneront au greffe lorsque l'instance se suivra.

Copie de la nouvelle plainte.

L'an mil sept cent quatre-vingt-huit, le mercredi dix-huit juin de relevée, en l'hôtel et par devant nous Gilles-Pierre Chenu, commissaire au Châtelet de Paris, et censeur royal, est comparu Pierre-Augustin Caron de Beaumarchais, écuyer, demeurant vieille rue du Temple, paroisse Saint-Paul, lequel nous a rendu plainte, et dit qu'il vient de lui tomber entre les mains un libelle imprimé, signé *Bergasse*, intitulé *Mémoire pour le sieur Bergasse, dans la cause du sieur Kornman, contre le sieur de Beau-*

marchais et contre le prince de Nassau, sans nom
d'imprimeur ni d'officier public qui puisse en auto-
riser l'impression ; que ce libelle est une répétition
des injures et des calomnies insérées dans les premiers libelles du même auteur, et en contenant beaucoup de nouvelles plus atroces, non-seulement contre
le plaignant, mais encore contre des ministres, des
magistrats et d'autres personnes très-recommanda-
bles. L'auteur paraissant ne rien respecter, et se
permettant tout ce que la fureur et la méchanceté
peuvent inspirer à un homme sans frein, jusqu'à
chercher à donner au plaignant de la défaveur aux
yeux des magistrats du Parlement, ses juges, en lui
imputant des faits odieux qu'il désavoue formellement, et notamment en cherchant à faire croire que
le plaignant répand les écrits contre les parlements,
d'après des traités faits à ce sujet entre les ministres
du roi et lui, tandis qu'au contraire, et dans tous les
temps, il n'a cessé de rendre aux magistrats toute la
justice qui leur est due. ce dont il va justifier : en
osant imprimer que le plaignant a séduit et corrompu les juges du Châtelet en faveur de sa cause,
tandis qu'il n'a pas même l'honneur de connaître de
vue M. le lieutenant-criminel, et qu'il n'en a sollicité
aucun. En attribuant au plaignant un journal clandestin, intitulé *ma Correspondance*, par le moyen
duquel il impute au plaignant de faire circuler en
France et en Allemagne des calomnies contre tout le
monde, tandis qu'il est prouvé que ce mauvais journal est imprimé par un nommé *Muller*, imprimeur
allemand, dans la ville de Kehl ; ce qui n'a pas plus
de rapport au plaignant, ni à la superbe imprimerie
de la Citadelle de Kehl, que si cette infamie se faisait
à Genève ou à Liége.

Le plaignant se contenterait de mépriser le nouveau
libelle et son auteur, s'il n'avait intérêt de se justifier des imputations calomnieuses qu'il contient, et de
faire punir l'homme qui a pu se permettre autant de
mensonges et d'horreurs, lesquels sont déjà prouvés
au procès, puisqu'il a décret contre leur auteur,
pourquoi il nous rend la présente plainte des faits
ci-dessus contre ledit auteur, ses fauteurs, complices
et adhérents, notamment contre l'imprimeur clandestin dudit libelle, dont, à l'appui de ladite plainte,
il nous a représenté un exemplaire contenant cent
trente-neuf pages d'impression, sans l'avant-propos

en contenant quatre, pour être de nous signé et pa-
rafé *ne varietur*, ainsi qu'il l'a été à l'instant, de
laquelle plainte il nous a requis acte à lui octroyé, et
a signé en notre minute, sous autres réserves et pro-
testations de droit et nécessaires, avec nous, conseiller
commissaire susdit.

Signé : CHENU, *avec parafe.*

Signé : CARON DE BEAUMARCHAIS (1).

REQUÊTE
A M. le lieutenant-criminel.

Supplie humblement Pierre-Augustin Caron de
Beaumarchais, écuyer, qu'il vous plaise, Monsieur,
permettre au suppliant de faire informer des faits
contenus en la plainte qu'il a rendue nouvellement
par devant le commissaire Chenu ; le dix-huit du présent mois, circonstances et dépendances, pour l'information faite et rapportée être par vous ordonné
ce qu'il appartiendra, requérant la jonction de M. le
procureur du roi, sous toutes réserves ; vous ferez
justice.   *Signé* : GUÉBERT.

Et plus bas est écrit :

Soit montré au procureur du roi. — *Fait ce*
23 juin 1788.   *Signé* : BACHOIS.

Et plus bas est écrit :
Vu la plainte et la requête,
Je n'empêche pour le roi, *après en avoir délibéré*
dans le parquet, être permis au suppliant de faire
informer des faits contenus en ladite plainte pour
l'information faite et à moi communiquée être par
moi requis, *après en avoir de nouveau délibéré au*
parquet, et par M. le lieutenant-criminel ordonné ce
qu'il appartiendra. Fait ce 25 juin 1788.

Signé : DEFLANDRE DE BRUNVILLE.

Et en marge est écrit : *Permis d'informer par*
devant le commissaire Chenu. Fait ce 25 juin 1788,

Signé : BACHOIS.

---

(1) A propos de ma plainte, j'ai fait des recherches pour savoir si celle de M. le prince de Nassau avait été rendue chez
M. Chenon, commissaire, que le libelliste qualifie de FAMEUX, en
imprimant qu'il a reçu cette plainte. Ce n'est qu'un mensonge
de plus, inventé seulement pour accoler une injure au nom du
commissaire Chenon, très-étranger à cette affaire.

TROISIÈME MÉMOIRE

ou

DERNIER EXPOSÉ

DES FAITS QUI ONT RAPPORT A PIERRE-AUGUSTIN CARON DE BEAUMARCHAIS, DANS LE PROCÈS DU SIEUR KORNMAN CONTRE SA FEMME.

——

Dans ce moment d'élan universel, où tous les esprits sont tendus vers les intérêts nationaux, où chaque homme s'honore de s'occuper de tous, celui-là est bien malheureux, qui, forcé de parler de lui, est obligé d'y ramener les autres. Le respect dû aux circonstances doit au moins l'engager d'écrire simplement et sans prétention la justification qu'on lui a rendue nécessaire.

C'est ce que je vais faire aujourd'hui. En lisant ce récit, on verra que c'est malgré moi que j'ai dû m'occuper de moi. Mais pouvais-je moins faire, à la fin du plus odieux, du plus ridicule procès, que de repousser par un simple exposé la multitude de libelles avec lesquels de faméliques écrivains, cachés et guidés par l'imposteur Bergasse, battent monnaie depuis deux ans aux dépens d'un public trop facile, en l'abusant sur tous les points de cette scandaleuse affaire?

A voir l'empressement avec lequel on dévorait ces infamies, on eût dit qu'il ne fallait plus à notre peuple que deux choses : *du pain et des libelles, des libelles et du pain.* Et parce que j'avais fortement réclamé la liberté de la presse, il semblait juste à tous que je fusse accablé le premier sous sa plus effrénée licence. Mais quel particulier oserait maintenant se plaindre de s'en être trouvé frappé, après toutes les horreurs dont nous sommes témoins ! Laissons ces tristes réflexions : renfermons-nous dans notre objet, il n'y prête que trop lui-même.

Que ceux qui, dans le mal d'autrui, ne cherchent qu'un vain amusement s'abstiennent de lire ce récit, destiné partout à convaincre, mais sans espoir d'intéresser ; sa force tout entière se tire des nombreuses pièces probantes qui l'accompagnent et le surchargent.

Dans les discussions de ce genre, il faut bien renoncer à plaire. La rage et la démence unies m'ont attiré dans cette arène, sans que j'y aie d'autre procès que celui que je fais moi-même a tous mes calomniateurs. Outragé, mais non inculpé, je repousse une longue injure, en demandant vengeance aux magistrats. Si je me rends net et concis, je regretterai peu de chose. L'élégance que j'ambitionne est la désirable clarté. Je vais prouver de tristes vérités, ce sera toute mon éloquence.

Il manque une loi très-utile au code qu'on va réformer. C'est celle qui ordonnerait qu'aucun mari ne pourra intenter la scandaleuse action d'adultère contre sa femme sans avoir consigné sa dot : cette sage précaution guérirait beaucoup d'âpres époux de l'envie de tenter une voie si flétrissante de s'emparer du bien de leurs épouses; surtout les tribunaux et le public ne seraient pas inondés de toutes les calomnies inventées par le sieur Guillaume Kornman, pour éviter de rendre compte d'une dot qu'il a dilapidée, et pour se venger de tous ceux qu'il a vus s'y intéresser.

Dans ce procès très-affligeant pour la jeune

femme accusée, mais démontré déshonorant
pour le mari qui la poursuit, un premier libelle imprimé m'a fait prendre l'engagement
de me justifier sur quatre faits qu'on m'y impute. Je dois les répéter ici.

1º D'avoir concouru avec force à faire accorder par le roi à une dame enceinte enfermée
la liberté conditionnelle de faire ses couches
ailleurs que dans une maison de force, où son
désespoir la mettait en danger de perdre la
vie ;

2º D'avoir examiné sévèrement l'état d'une
grande entreprise dont on appréhendait la
ruine à la vive sollicitation, ai-je dit, de personnes du plus haut rang, qui avaient intérêt
et *qualité*, pour désirer d'en être instruites ;

3º De m'être opposé, disait-on, par toute
sorte de moyens, au rapprochement douloureux de cette infortunée avec son avide mari ;

4º D'avoir enfin causé la ruine de celui-ci, et
forcé sa faillite, qu'il ne veut pas qu'on nomme
banqueroute, en le diffamant en tous lieux.

Dans mon premier mémoire, je me suis
hâté d'avouer les deux premiers chefs impu-
tés. Je me suis honoré publiquement d'avoir,
en cette occasion, rempli mon devoir d'homme
sensible et généreux; je me suis vanté d'a-
voir fait ce qui m'est reproché comme un
crime.

Mais j'ai nié formellement d'avoir fourni le
plus léger prétexte aux deux dernières imputations. Je m'engage d'en démontrer la fausseté, d'en bien prouver la calomnie, sous
peine de mon déshonneur.

PREMIÈRE IMPUTATION CALOMNIEUSE

*Ils prétendent que je la connaissais quand je l'ai
tirée de prison.* — Je pense avoir bien établi
qu'aucun autre homme humain et courageux

ne se fût dispensé plus que moi de secourir une victime dont on me démontra qu'on n'exposait les jours dans la prison où on l'avait jetée que pour écarter sa demande en séparation contre un mari dissipateur, que pour ne lui rendre aucun compte d'une dot de quatre cent mille livres que son époux voulait s'approprier. Je ne reviendrai point sur un fait aussi bien prouvé.

Mais j'ai dit, et je le répète, que, lorsque j'employai mes soins à l'arracher de sa prison, *je ne la connaissais pas même de vue;* non que cette circonstance importât au fond de l'affaire. Peut-être mon action en a-t-elle eu plus de mérite; mais si j'ai fait un crime en la servant, soit que je la connusse ou non, cela ne change rien à la nature de ce service.

Ces faits posés, et mon assertion contestée, tout indifférente qu'elle est, prouvons, comme je l'ai dit, *que je ne connaissais pas* l'accusée; prouvons-le par les faits, par des témoignages non suspects, par des raisonnements sans réplique.

A la dénégation que le sieur Kornman ou son porte-parole a faite de cette partie de mes déclarations, j'ai cherché à me rappeler quelles personnes dînaient chez le prince de Nassau en octobre 1781, quand je fus vivement pressé par ce prince et par la princesse de joindre mes efforts aux leurs pour secourir une inconnue. Je me suis souvenu que M. le comte de *Coetloury*, M. l'abbé de *Cabres*, M. l'abbé *Girod*, M. *Saiffert*, médecin, M. *Daudet de Jossan*, étaient de ce dîner. Je ne me rappelle pas quels étaient les autres convives.

Forcé de justifier un fait indifférent; je n'ai pas cru manquer à des hommes d'honneur en les faisant appeler en témoignage, ainsi que M. le prince de Nassau, dans l'information faite devant le commissaire Chenu. Tous ont

dit (car tous ont dû le dire, et leurs dépositions sont dans les mains de M. l'avocat général), qu'il me fut fait de vives sollicitations
par le prince et par la princesse ; que je leur
résistai longtemps, *ne connaissant pas même de
vue la dame dont on me parlait*, et sur des motifs de prudence qu'ils auront pu se rappeler,
ce point ayant été traité à fond. Et tous ont
dit (car tous ont dû le dire) qu'après de longs
débats on me remit les lettres du sieur Kornman à son ami Daudet, que j'ai transcrites
dans mon premier mémoire ; que cette lecture enchaîna mon irrésolution, me fit accompagner la princesse chez M. Le Noir, et m'a
fait faire depuis d'autres démarches à Versailles.

Quel intérêt avais-je alors de dire, *je ne la
connais pas?* Si, voulant aujourd'hui nier la
part que j'eus à sa liberté provisoire, je disais, pour m'en disculper, qu'on ne peut m'im-
puter d'avoir fait ces démarches, puisque *je
ne la connaissais pas*, peut-être on pourrait sus-
pecter la vérité de ma déclaration, comme
mise en avant pour écarter l'idée de mon concours en cette affaire.

Mais, quand je m'honore hautement des efforts que je fis pour obtenir que cette infortunée n'accouchât pas dans une maison de
force ; quand j'avance que je me rendis, malgré mes justes répugnances, chez M. Le Noir
avec la princesse, chez tous les ministres, à
Versailles ; que j'y sollicitai, avec M. le prince
de Nassau, sa translation provisoire chez un
médecin-accoucheur, ce que nous eûmes le
bonheur d'obtenir, comment peut-on me con-
tester *que je ne la connaissais pas*, et faire un
incident de cette circonstance oiseuse? N'est-
elle pas aussi indifférente aujourd'hui qu'elle
l'était en 1781 ?

Qu'on relise ma lettre écrite à M. Le Noir à

cette époque, et rapportée dans mon premier mémoire, laquelle existe au dépôt même de la police, et a été remise avec les autres pièces à M. l'avocat général, on y verra ces phrases, que nul intérêt, dans ce temps, ne pouvait m'engager d'écrire :

Quant à moi, qui ne l'ai jamais vue, qui ne la connais que par le tableau très-touchant que votre sensibilité vous en a fait faire en ma présence (*à madame la princesse de Nassau*), je la vois si cruellement abandonnée après une détention de cinq mois, pendant que le mari court à Spa, fait bombance et séduit tout ce qui l'approche, que je viens d'écrire à M. Turpin (*avocat et son conseil*) que si les intérêts de son client l'empêchent de me voir *comme conciliateur*, je vais franchement offrir à cette jeune dame et mes conseils, et mes secours, mes moyens personnels, et ma bourse, et ma plume.

L'homme qui s'expliquait avec cette franchise pouvait-il être suspect quand il disait : *je ne la connais pas*? surtout ma conduite ultérieure et mes services non interrompus ayant prouvé depuis que, si je la servis *sans la connaître*, j'eusse mis plus de zèle encore à mes démarches si à l'intérêt du malheur j'avais pu joindre alors celui qu'inspire sa personne?

Tout inconnue qu'elle m'était, je déclare que j'ai contribué de toutes mes forces à l'arracher de sa prison : je m'en honore, et le ferais encore si le même cas arrivait.

Mais, pour y parvenir, ai-je corrompu ses geôliers? L'ai-je enlevée de force ou violé les clôtures? Ai-je usé d'intrigue ou de ruse? Si on l'eût jetée dans une prison légale, c'est vous, ô magistrats, que j'aurais invoqués! Elle était enfermée par une lettre de cachet, et dans une prison royale : c'est vers Sa Majesté, c'est vers les ministres du roi que M. le prince de Nassau et moi avons dirigé nos démarches; mais ont-elles été clandestines? Lisez la réponse du ministre adressée à ce prince; elle existe en original, avec toutes les autres pièces, entre les mains de M. l'avocat général. Chacun de nous croyait alors remplir un devoir imposant.

M. Amelot à M. le prince de Nassau-Siéghen.

Versailles, 20 décembre 1781.

J'ai reçu, monsieur, avec la lettre que vous m'avez fait l'honneur de m'écrire, le mémoire, concernant la dame Kornman. *Je mettrai incessamment sous les yeux du roi* les représentations de cette dame, et je vous prie d'être persuadé que je ne proposerai à Sa Majesté que le parti qui paraîtra le plus conforme à la justice.

J'ai l'honneur d'être, etc.

Signé : AMELOT.

On voit par cette lettre que nous ne présentâmes au ministre que le mémoire de cette infortunée ; ce qui détruit jusqu'au soupçon que nous ayons, pour déguiser les faits, joint au sien nos propres mémoires. Cette remarque est d'un grand poids.

Que nous nous fussions abusés sur l'équité de nos demandes, toujours est-il prouvé que nous prenions la seule voie honorable pour obtenir ce que nous désirions, ou pour nous le voir refuser.

Toujours est-il prouvé que, pour persuader les ministres, nous n'avons employé qu'un plaidoyer décent, respectueux, et propre à être mis sous les yeux du meilleur des rois, le mémoire, en un mot, de cette infortunée, puisque, sur ses moyens offerts, Sa Majesté a ordonné que la malheureuse victime de la cruauté d'un mari accoucherait ailleurs que dans une horrible prison ; en sorte que le désespoir ne fît point périr une mère dans ce moment où tous les cœurs plaident si fortement sa cause: où, placée entre la vie et la mort, le plus léger chagrin peut tuer celle qui remplit le but sacré de la nature et de la société, en donnant la vie à un homme, et un citoyen à l'État; une jeune femme surtout qui avait apporté quatre cent mille livres de dot à son mari; qui était belle, et sacrifiée par celui qui, devant la préserver, est trop justement suspecté d'avoir voulu s'en faire un moyen de fortune, en la présentant comme attrait à un jeune homme qu'il dit ardent, auquel il savait du crédit! Oh! si je ne démontre point, par mille preuves sans réplique, qu'il n'eut que ce honteux projet, je me dévoue au plus profond mépris; je me livre au regard dédaigneux que mérite un sot imbécile, séduit, trompé par la plus sotte des erreurs.

Vous me lirez, vous hommes malveillants, qui, sans autre objet que de nuire, vous êtes rendus les apôtres de tant d'odieuses calomnies; qui avez colporté de maison en maison leurs effrontés libelles, et les avez prônés, parce qu'ils m'outrageaient; et les honnêtes gens me liront, et ils regretteront d'avoir cru trop légèrement ces rapports si calomnieux, dont vous intéressiez leur vaine curiosité: car il y a loin du vrai public, dont nous recherchons tous l'estime, à cette classe méprisable qui veut en usurper le nom; composée d'hommes sans état, parasites piquant les tables, et payant partout leur écot en sottise ou en calomnie, falsifiant tout ce qu'ils racontent, et changeant les faits les plus simples en histoires bien scandaleuses. Vous les voyez courant de dîner en dîner, versant partout la haine et le poison. Les gens aisés qui les reçoivent s'amusent un moment de leur venimeux bavardage, sans songer que le lendemain ils seront exposés aux mêmes calomnies dans d'autres sociétés qu'il faut bien amuser aussi.

Mais quelle preuve offrent nos adversaires que je connusse cette dame avant l'époque où je la tirai de sa prison? Ils ont fait un si grand éclat de cette objection inutile, qu'il faut la discuter ici.

Qu'opposent-ils à tant de témoignages? Rien, sinon qu'un cocher, chassé de ma maison, a dit *que, quelque temps avant les fêtes de l'Hôtel-de-Ville pour la maison du Dauphin, j'avais fait mettre des chevaux à ma voiture, dans la nuit; que j'avais été prendre la dame Kornman chez elle*, et l'avais conduite *à la Nouvelle-France*, où je l'avais laissée, *chez le sieur Daudet*, avec lui, puis était retourné chez moi.

Le malheur de ces captations de valets salariés et pratiquées si gauchement, c'est qu'on ne peut donner à cette espèce dégradée l'adresse qu'il faut pour mentir, comme on leur en donne l'audace en leur montrant quelques écus. Or il se trouve que la déposition de celui-ci, justement chassé de chez moi comme mauvais sujet, et gendre d'un portier aussi chassé de ma maison pour cause d'inconduite, ne contient pas un mot qui ne soit une absurdité reconnue.

Quelque temps avant les fêtes de l'Hôtel-de-Ville pour la naissance de monseigneur le Dauphin, lui fait-on dire; voilà donc l'époque fixée : mais les réjouissances *de l'Hôtel-de-Ville* ne se firent qu'à la fin de janvier 1782 (lorsque la reine fut relevée de couches). La dame Kornman, à cette époque, venait de passer d'une prison où elle avait gémi six mois, dans la maison d'un accoucheur, où elle attendait le moment. De plus, le sieur Daudet (qui n'a jamais demeuré *à la Nouvelle-France*) était parti pour la Hollande, où les affaires du prince de Nassau l'avaient appelé plus de deux mois avant la détention de cette

dame ; ce qui compose au moins neuf mois
d'anachronisme, et démontre l'impossibilité
de la course honorable que mes ennemis me
font faire.

Voici ce qui leur a donné l'idée d'imprimer
ce galimatias. A la fin de décembre 1781, c'est-
à-dire *peu de temps avant les fêtes de l'Hôtel-de-
Ville*, ayant obtenu de M. Le Noir la permission d'accompagner le sieur Page, médecin-
accoucheur, qui allait, avec l'ordre du roi,
retirer la dame Kornman du château Charolais, où elle était enfermée depuis six mois
(non pour la remettre entre mes mains, comme
on ne cesse de l'articuler bêtement, et comme
chacun feint de le croire, mais pour qu'elle
passât dans celles du seul homme qui lui fût
essentiel, un accoucheur intelligent), je donnai l'ordre à ce cocher, qui était celui de ma
femme, d'atteler des chevaux à sa berline. Il
me conduisit d'abord chez M. Le Noir ; de là,
vers les onze heures du soir, il mena le sieur
Page et moi dans la prison de Charolais, qui
se trouve en effet *au haut de la Nouvelle-France*,
où je restai le temps nécessaire pour remplir
les formalités de sortie de la prisonnière ; puis
il nous ramena, après minuit sonné, près de
l'Apport-Paris, où demeurait cet accoucheur,
chez lequel je la déposai.

Voilà sur quel fondement ils ont bâti la déposition calomnieuse du cocher, et l'absurde
supposition que j'eusse été prendre *chez elle*
une dame emprisonnée depuis six mois, pour
la conduire *chez un homme* absent de France,
deux mois après sa détention. Notez que ce
cocher, ainsi que les autres témoins que ces
messieurs ont salariés, ont tous fixé, sans le
vouloir, l'époque juste de mes premières relations avec la dame Kornman.

Toutes les fois, disent-ils, *qu'elle venait dans la
maison de notre maître, on lui apportait un enfant*

auquel elle donnait à téter. Le fait est véritable.
Or, elle était donc accouchée, puisqu'elle allai-
tait son enfant? Mais elle n'est accouchée que
deux mois après être sortie de l'affreuse prison où elle en avait resté six, ce qui, avec le
temps nécessaire à ses couches, reporte en
mars 1782 l'époque où cette dame m'a fait
l'honneur de venir chez moi. C'est depuis ce
temps seulement que j'ai eu celui de la voir
et de lui offrir mes services dans les divers
quartiers où elle a successivement logé.

Tous ces détails sont fastidieux, mais la
calomnie les commande ; et comme elle se
traîne ici dans la fange, on est forcé de se
baisser pour l'élever et l'exposer au jour, en
la tirant avec dégoût par ses longues et hi-
deuses oreilles.

J'ai dit que M. Le Noir me permit d'accompagner le sieur Page, médecin-accoucheur,
aux secours duquel on confiait la malheureuse
incarcérée, lorsqu'il fut la tirer de la maison
de force, en plein hiver, en pleine nuit, le 29
décembre 1781. J'ai dit combien je fus touché
de sa douleur, de sa reconnaissance; j'ai dit
comment tout se passa, comment je les remis
de ma voiture à la porte de l'accoucheur, en
la recommandant aux soins intéressés de cet
homme, CHARGÉ D'EN RÉPONDRE AU GOUVERNEMENT
jusqu'à ce qu'elle fût rétablie. Je crus ma mission terminée, et, pendant six semaines
qu'elle habita le plus incommode séjour, je ne
l'y vis qu'une seule fois, fortement invité par
elle dans un moment où on la croyait en danger. La déposition de cet homme et celle de
l'infortunée sont dans les mains de M. l'avocat
général. La calomnie est démontrée ! et la
preuve est faite au procès.

Cependant la dame Kornman était accouchée; elle plaidait contre son mari, et le mari
contre sa femme, sur différents objets et dans

différents tribunaux. La mainlevée provisoire
de la lettre de cachet n'en détruisant pas
l'existence, on pouvait arrêter de nouveau la
dame Kornman sans qu'il fût besoin d'un autre ordre. Mais le mari, qui s'occupait à ébau-
cher des traités avec elle, et qui les rompait
brusquement, qui plaidait le nouveau, puis
recommençait les traités quand la frayeur
d'un jugement le pressait d'amadouer sa
femme, avait tellement oublié l'ordre de détention et sa mainlevée seulement provisoire;
cette lettre de cachet était même à tel point
sortie de la mémoire de tout le monde, que
depuis six années le mari, ni la femme, ni le
gouvernement, ni moi, nous n'y avons non
plus songé que si elle n'eût jamais existé.
Cependant elle est dans toute sa force, et la
dame Kornman n'est libre que par l'oubli total qu'on a fait qu'elle ne l'est pas.

Or, par une logique digne du sage esprit
de nos deux adversaires, c'est l'obtention, en
1781, de cette mainlevée *provisoire* d'une lettre de cachet oubliée six années, qui sert
aujourd'hui de prétexte à la vexation dégoûtante que ces ennemis nous suscitent. Je supplie le lecteur de peser de sang-froid cette circonstance majeure trop oubliée dans les plaidoiries du Palais. Quel est donc leur projet?
— Lecteur, ayez patience, et vous serez instruit de tout. Avant la fin de ce mémoire,
vous le connaîtrez parfaitement.

SECONDE IMPUTATION CALOMNIEUSE DONT J'AI PROMIS DE ME LAVER

Affaire des Quinze-Vingts. — Le précepteur
des enfants Kornman, dans le premier libelle
qu'il a fait pour leur père, m'impute d'avoir,
sans aucun autre droit que mon avide cupidité, voulu m'emparer de la grande affaire

des Quinze-Vingts, de l'avoir amoindrie, déni-
grée pour l'obtenir à meilleur compte, et d'a-
voir menti sciemment en disant et en écrivant
que j'avais, *sans nul intérêt personnel*, examiné
sévèrement cette affaire (dont on appréhendait la ruine), à la vive sollicitation de personnes du plus haut rang, qui avaient intérêt
et *qualité* pour désirer d'en être instruites.

Si mes deux adversaires avaient à repousser
une pareille inculpation, ils répondraient : Où
est le mal? Les affaires sont à tout le monde.
On se les dispute, on les joue; le plus habile
a la partie. Une telle réponse est digne des
ennemis que je combats. Mon honneur en
exige une autre, et je supplie les magistrats,
à qui seuls elle est adressée, de la juger à la
rigueur.

Certes, si j'ai voulu ravir l'entreprise des
Quinze-Vingts à ses premiers propriétaires, et
si j'ai mis indécemment en jeu des noms augustes et respectés pour couvrir mon projet
honteux, je mérite bien les injures dont m'ac-
cablent depuis deux ans le sieur Kornman et
son précepteur, et jusqu'à l'avocat de ce pré-
cepteur-là, lequel, ces jours derniers, plaidait
au Parlement, devant quatre mille personnes.
qu'il me défiait de présenter la moindre preuve
d'une prière qui m'eût été faite et d'une
mission qui m'eût été donnée par M. le
cardinal de Rohan ou Mgr le duc de Chartres,
d'examiner l'affaire des Quinze-Vingts, *lorsqu'il est bien prouvé*, dit-il, *que tous les deux ont
désavoué le sieur de Beaumarchais.*

Quel auditeur, même attentif, supposerait,
contre une provocation si fermement articu-
lée, que l'on pût élever la moindre suspicion?
Celui qui ne sait pas douter en écoutant aux
audiences connaît peu jusqu'à quel degré
d'indécence et d'audace d'infidèles défenseurs
prostituent leur plume ou leur voix dans les

plaidoiries de nos jours ; se faisant un jeu
barbare de l'indifférence publique, de la faci-
lité que nous avons à croire, et surtout comp-
tant bien sur les appuis de la malignité, qui
ne manque jamais à celui qui injurie, il n'est
point de mensonge et de grossière calomnie
qu'ils ne hasardent en plaidant ; certains de
les faire adopter lorsque l'insulte porte sur
un homme qu'ils jugent n'être pas tout à fait
indigne de l'attention publique, il semble alors
que la tourbe des malveillants n'attende que
le signal de leurs injures pour exhaler le
long ressentiment que donnent les moindres
succès. Les avocats, dit-on, ont de grands
priviléges. Heureusement que tous n'en usent
pas. Il faudrait déserter le barreau, ne pouvant plus le réformer. Arrêtons-nous. Ce n'est
pas me plaindre qu'il faut, mais convaincre
que j'ai raison.

Il y avait environ cinq mois que la dame
Kornman était libre. Elle me faisait l'honneur
de venir quelquefois chez moi, car sa reconnaissance ne s'est jamais démentie. Déjà son
mari avait entamé et rompu plusieurs plans
de réconciliation avec elle, lorsque M. le cardinal de Rohan me fit prier par le sieur abbé
Georgel, vicaire général de la grande-aumô-
nerie de France, et gouverneur de l'hôpital
royal des Quinze-Vingts à Paris, d'aller conférer avec lui sur une affaire très-importante,
où mes conseils et mon concours seraient,
disait-il, fort utiles.

J'eus l'honneur de me rendre chez S. A. E.,
qui me pressa très-vivement de prendre un intérêt quelconque dans la grande affaire des
Quinze-Vingts, dont les propriétaires actuels,
fort embarrassés, me dit-il, me céderaient la
part que j'y voudrais à des conditions honorables, *et surtout fort avantageuses*. Le prince
cardinal ajouta que, si je consentais à me

mettre à la tête, en prêtant à l'affaire huit ou neuf cent mille livres, je l'obligerais infiniment lui-même comme vendeur au nom du roi, et sauverais une grande entreprise, qui semblait menacée de sa ruine.

M. le cardinal et M. l'abbé Georgel, réunis, n'omirent rien pour m'y déterminer. Mais, voyant mes constants refus dans différentes conférences, à la fin convaincus que rien ne pouvait me faire entrer dans cette affaire, ils se réduisirent à me prier de donner au moins quelque temps à l'examen sévère du triste état de l'entreprise, sinon pour moi, du moins pour eux, m'ajoutant que le sieur Séguin, l'un des directeurs, ou le sieur Kornman, *caissier*, en un mot, qui je nommerais, viendrait avec les actes les livres, les comptes et tous les renseignements nécessaires, travailler dans mon cabinet.

Au nom de Kornman, je fis un mouvement dont il fallut donner l'explication. Je racontai au prince cardinal tout ce qu'on a lu ci-dessus; mais ne pouvant lui refuser ce que S. A. E. me demandait avec tant de grâces et d'instances, je rejetais toute entrevue d'affaires avec Guillaume Kornman, et consentis de recevoir le sieur Séguin son associé, ou telle autre personne, pour étudier par quel moyen on pourrait sauver cette affaire.

Mais je ne consentis à faire ce travail pénible que sur la promesse formelle de S. A. E. qu'elle emploierait tout le crédit que les circonstances lui donnaient sur le sieur Guillaume Kornman à lui faire rendre justice à sa femme, à rapprocher cette malheureuse mère de ses enfants qu'elle adorait, qu'elle avait tous deux allaités, et qu'elle pleurait tous les jours, à se raccommoder avec elle : non que je lui dissimulasse mon mépris, qui perçait pour un homme de ce caractère; mais c'est

que mon opinion sur le devoir des mères était
plus forte que mon mépris.

S. A. E. me promit ce salaire de tous mes
soins. Le sieur Seguin vint travailler chez
moi, m'apporta les actes, les livres, les comptes du sieur Kornman *comptable*, tous ceux des
locations et des entrepreneurs des Quinze-
Vingts. Je fis sur un cahier mes observations,
mes demandes, que le sieur Seguin répondit
en marge. J'ai les lettres, les actes, les comptes, les demandes, les réponses et la minute
du tableau général de l'affaire, que je remis,
après trois mois de travail, à M. le cardinal
de Rohan et à M. l'abbé Georgel, ou plutôt je
ne les ai plus ; je les ai déposés chez M. l'a-
vocat général comme pièces justificatives des
faits que je viens d'avancer.

S. A. E., dans la bonté de son cœur, ne sachant comment s'acquitter des grands travaux
que j'avais faits pour elle, me réitéra sa promesse d'employer les plus grands efforts pour
raccommoder le ménage des sieur et dame
Kornman. Ce dernier le sollicitait de lui prêter quarante mille livres dont il avait un
grand besoin. M. le cardinal m'assura que,
ne les ayant pas alors, il les emprunterait pour
l'en aider, pourvu qu'il donnât sa parole de
faire justice à sa femme.

Que vous ajouterai-je, Messieurs ? L'homme
promit tout pour avoir cette somme ; S. A. E.
l'emprunta, la lui prêta sur sa parole ; et sitôt
le prêt accompli, le sieur Kornman obtient
arrêt de surséance sur un faux état de ses
dettes, dans lequel ni la dot de sa femme ni
les quarante mille livres de M. le cardinal, ni
ce qu'il devait aux Quinze-Vingts. n'entrè-
rent (cet état, écrit de sa main, est dans celle
de M. l'avocat général) ; et la surséance obte-
nue, le banquier cessa ses payements, s'enfuit
avec l'argent du cardinal à Spa, pendant qu'on

vendait à Paris et ses chevaux et sa voiture
par ordonnance du lieutenant-criminel : c'est
là ce qu'il appelle ne pas faire banqueroute.
C'est ainsi qu'il rompit l'accord trompeur avec
sa femme, minuté chez Me Mommet, mon notaire, et dont la signature était retardée par
le sieur Kornman lui-même sous différents
prétextes, depuis plus de huit jours. Tous ces
faits sont si improbables, qu'on ne peut forcer à les croire sans en administrer les preuves.

Les plus authentiques se tirent de la déposition de M. le cardinal de Rohan, faite à l'ab-
baye de Marmoutiers, devant le lieutenant-
criminel au bailliage de Tours, par commission
rogatoire du lieutenant-criminel au Châtelet
de Paris.

Lequel a déclaré (car il a dû le faire, et je
ne crains pas qu'il y ait manqué) que c'est à
sa vive instance que j'ai usé plus de trois mois
à nettoyer l'affaire des Quinze-Vingts, sans y
avoir d'autre intérêt que celui de rendre service, et refusant toute association.

Elles se tirent de la déposition du sieur abbé
Georgel, faite à Saint-Dié en Lorraine, devant
l'assesseur civil et criminel au bailliage de
cette ville, par même commission rogatoire
de M. lieutenant-criminel du Châtelet. Or, si
ces dépositions démentent un seul des faits
articulés, je me dévoue à l'horreur publique,
comme un imposteur punissable et comme un
vil malhonnête homme.

Ces pièces probantes, jointes à celles de
mes travaux sur l'affaire des Quinze-Vingts,
avec les actes, réponses, notes et lettres du
sieur Seguin, faisant pour le sieur Kornman
et autres associés, qui sont aussi entre les
mains de M. l'avocat général, font preuve, auprès des magistrats, de la coupable audace
avec laquelle on a plaidé verbalement et par

écrit, que, sans prière ni mission de personne, j'avais voulu *m'emparer de l'affaire des Quinze-Vingts*, lorsque je n'en ai fait le pénible dépouillement qu'à la prière instante et prouvée des personnes augustes intéressées à le connaître, et sans avoir voulu prendre la moindre part à son produit, quel qu'il pût un jour devenir.

Laissez donc là tous ces calomnieux verbiages, sans aucuns faits, sans preuve et sans logique, dont vous aveuglez le public attentif et trop crédule. Inscrivez-vous en faux, si vous l'osez, contre les preuves que je donne, et que le menteur reconnu soit marqué d'un fer chaud au front ou à la joue; il mérite en effet d'être défiguré. Les Romains les marquaient avec la lettre K, initiale que vous connaissez bien.

Vous avez dit, Guillaume Kornman, ou plutôt on a dit pour vous, et l'on a fait imprimer (page 37 de votre premier libelle) que M. le cardinal vous avait dit : « Je vous réponds de Beaumarchais, il m'a des obligations particulières. Dans ce moment, je vais le faire payer par M. Joly de Fleury de toutes les fournitures qu'il a faites pour l'Amérique ; mais je l'ai prévenu que ce remboursement n'aurait lieu qu'autant qu'il vous aurait lui-même *remboursé.* » (Ne dirait-on pas, à cette phrase, que je leur devais de l'argent?)

Gens d'honneur, lisez ma réponse. Elle est divisée en deux parts; de fait et de raisonnement. Le fait sans réplique, je le tire de la déposition juridique de M. le cardinal de Rohan, et d'une lettre de lui, que j'ai remise avec les autres pièces dans les mains de M. l'avocat général.

Voici ce que la lettre porte, après quelques autres détails.

Je ne comprends pas, *m'écrit Son Eminence*, comment le sieur Kornman a osé parler de moi avec le tor, d'une réticence véritablement coupable; s'il a pu oublier que je l'ai obligé et qu'il m'a trompé, il ne pouvait du moins se dissimuler que tout ce qu'il dit est faux, particulièrement quand il parle de mes préventions. Assurément j'ai prouvé par le fait que si j'en avais, elles lui étaient favorables, *puisque j'ai emprunté pour avoir la possibilité de lui preter*. Si mes dispositions ont changé, sa conduite en aurait été la cause, puisqu'il m'a trompée. Alors ce n'est sûrement pas à lui d'en parler.

Il dit bien faux aussi lorsqu'il prétend que je l'ai assuré que vous étiez mon obligé. Je n'ai jamais été à portée de vous être utile, *c'est moi. Monsieur, qui suis votre obligé*, car il est très-certain que je vous ai pressé et sollicité vivement de prendre connaissance et de vous intéresser même dans l'affaire des Quinze-Vingts. Vous avez bien voulu y donner vos soins; vous avez tiré du chaos et éclairé une affaire *qu'on avait intérêt de traîner dans l'obscurité*. Non-seulement vous y avez donné votre travail et vos peines, mais en outre je n'oublierai jamais *que vous m'avez témoigné le regret sincère que la situation de vos propres affaires ne vous permit pas de nous aider de vos fonds*. et je vous en dois d'autant plus d'obligations, qu'avant cette époque je n'avais pas été à portée de vous connaître particulièrement, quoi qu'en dise le sieur Kornman, page 36 de son mémoire, etc.

Son Eminence ne vous a donc pas dit, comme vous l'imprimez faussement, imposteurs! que je lui avais des obligations particulières, entre autres celle de me faire payer par M. de Fleury, alors ministre des finances, huit ou neuf millions que me doivent les divers Etats d'Amérique! Si ma preuve de fait est bonne, celle de raisonnement ne l'est pas moins.

A quel titre, bon Dieu! aurais-je fait solliciter notre gouvernement de France, qui lui-même a une créance de trente millions au moins à exercer sur l'Amérique, de me rembourser pour ces nouveaux Etats-Unis l'ar-

gent de mes services rendus, celui d'immenses
fournitures auxquelles la France ne peut jamais être obligée, quoique par politique elle y
prît un grand intérêt ? Ils me font faire
l'ineptie de demander à mon pays, qui ne me
doit rien, de me payer ce qu'un autre peuple
me doit, parce que ce peuple est en retard
avec moi, et peut être a les plus grands torts,
dont il n'est pas temps de parler ; et cela sous
la condition de prendre l'intérêt de Guillaume
Kornman dans l'entreprise des Quinze-Vingts ?
On n'a jamais cumulé tant de fausseté, d'ignorance et de bêtises en aussi peu de lignes,
surtout les supposant sorties de la bouche
d'un homme du rang, du caractère et de la
véracité de M. le cardinal de Rohan.

C'est ainsi cependant qu'ont partout raisonné l'honnête Guillaume Kornman et cet
homme nouveau qui, de garçon magnétiseur,
qui, de précepteur au baquet, s'était fait précepteur des enfants Kornman, en attendant
qu'il se donnât pour le précepteur du public
et s'arrogeât indécemment l'honneur de nous
avoir rendu nos magistrats en forçant la main
du monarque. Sa puérile vanité a, dit-on,
quelque chose de risible : cela peut être; mais
moi je ne l'ai jamais vu.

Ils m'avaient outragé pour un service rendu,
malgré mes répugnances, à la dame Kornman ;
il était conséquent à leurs dignes principes
qu'ils m'outrageassent encore pour un service
rendu, *malgré mes répugnances,* à l'affaire des
Quinze-Vingts, à M. le cardinal, à Mgr le duc
de Chartres et à tous les intéressés.

TROISIÈME IMPUTATION CALOMNIEUSE DONT JE DOIS ME JUSTIFIER

Les plans de conciliation. — Je me suis, dit-
on, opposé par toutes sortes de moyens au

rapprochement douloureux de cette femme
infortunée avec un avide mari.

J'ai dit, j'ai imprimé : ma religion est « que,
lorsqu'une pauvre femme a épousé un méchant homme, sa place est d'être malheureuse auprès de lui, comme le sort d'un
homme est de rester aveugle quand on lui a
crevé les yeux. »

Ce principe, d'où dérive le bon ordre dans
les familles, qui maintient la décence publique,
propre seule à couvrir les fautes particulières,
ce principe a servi de base à ma conduite en
cette affaire.

Une avide cupidité avait fait exposer la sagesse et les mœurs d'une jeune femme par le
mari qui dut les protéger. Le scandale public
de la détention de la dame avait suivi sans
intervalle le renversement de l'espoir d'une
caisse que la disgrâce d'un ministre venait
d'ôter à ce mari.

Ce n'était pas assez pour moi d'avoir rendu
l'infortunée à la liberté que tout être doit avoir
d'invoquer les tribunaux quand son honneur
ou ses intérêts sont blessés; la voyant sans
cesse affligée d'être privée de ses enfants, j'é-
tablissais et je fondais sur sa sensibilité même
la nécessité d'une réconciliation entre elle et
son cruel mari. « Que voulez-vous, disais-je,
que pensent un jour vos enfants, s'ils doivent
un jour partager leur respect entre des parents séparés? Ils rougiront bientôt ou pour
l'un ou pour l'autre, et peut-être de tous les
deux! — Je serai malheureuse! — Il faut
l'être. Sous cette forme, au moins, vous serez
plainte et respectée; et sous celle où vous gé-
missez, vous êtes outragée, sans être moins
souffrante. »

J'étais bien loin d'imaginer alors qu'un jour
un père sans pudeur amènerait à l'audience
la fille de cette dame, âgée de treize années,

son fils âgé de neuf à dix, pour entendre vomir contre leur mère des atrocités supposées. Si tout le public indigné ne venait pas d'être témoin de cette horreur gratuite, ils publieraient que je les calomnie! Que peut-il résulter, pour ces enfants infortunés, d'une démarche aussi coupable? D'être bien convaincus que leur mère est déshonorée, ou que leur père est un infâme! Et ces gens-là invoquent la pitié!

J'avais donc insisté pour que la malheureuse femme sacrifiât ses ressentiments d'épouse à sa sensibilité maternelle.

Très-disposée à suivre cet avis, la dame Kornman avait soin de m'avertir de toutes les lueurs de rapprochement qu'on faisait paraître à ses yeux. Aussitôt, je m'empressais, je courais, je faisais de vives sollicitations.

Maître Mommet, longtemps notaire des sieurs Kornman et le mien, pardon; je vous ai fait assigner à déposer devant justice tout ce que vous saviez de ma conduite à cet égard.

Avez-vous dit combien de fois je me suis transporté chez vous pour travailler à ce rapprochement? les conférences que j'y ai eues avec vous et le frère du mari coupable? Avez-vous reconnu les billets que vous avez écrits et ceux que vous avez reçus, les démarches que vous avez faites et celles que j'ai faites moi-même? Avez-vous montré l'acte minuté par vous, accepté de toutes les parties, et qui n'a pas eu l'achèvement des signatures, parce qu'un perfide époux, après avoir joué pendant trois mois M. le cardinal de Rohan, l'abbé Georgel, et moi, et sa femme, et vous-même, et tous ses amis réunis, a fermé sa caisse un matin, s'est enfui, et n'est revenu, sur un arrêt de surséance, que pour tourmenter de nouveau la plus malheureuse des femmes?

Maître Turpin, avocat aux conseils, et le conseil de ce mari, vous que j'ai fait assigner aussi, comme tant d'autres honnêtes gens, pour déposer de ma conduite, avez-vous reconnu vos lettres et certifié l'empressement que j'ai mis à rapprocher ces époux, ce que vos réponses attestent. Avez-vous enfin déclaré que je pris de l'humeur contre vous, croyant que vous nuisiez à ce rapprochement, ce qui prouve combien je m'y intéressais?

Monsieur l'abbé Georgel, vous qui avez déposé devant le lieutenant civil et criminel de Saint-Dié tous les faits que je viens d'attester, avez-vous reconnu quatre lettres de Guillaume Kornman écrites à vous sur la transaction amiable que je poursuivais vivement, et que vous m'envoyâtes avec des apostilles de votre main, lesquelles prouvent, ainsi que votre témoignage, avec quelle ardeur je me portais à finir cette transaction? Sentiment humain, généreux, qu'on me dispute avec tant de bassesse!

Monseigneur le cardinal de Rohan, vous qui n'avez pas hésité devant le lieutenant du bailliage de Tours de rendre hommage à la vérité sur ma conduite généreuse dans l'examen que vous m'avez prié de faire sur l'entreprise des Quinze-Vingts, vous êtes-vous souvenu, Monseigneur, d'y parler de l'unique salaire que je vous demandai pour mes longs travaux accomplis? Avez-vous dit que ce salaire était que vous daignassiez rapprocher une très-malheureuse mère de ses enfants qu'elle pleurait, de cet indigne époux qui l'avait si fort maltraitée, et près duquel néanmoins elle consentait à souffrir, à verser des larmes amères, pourvu qu'elle vît ses enfants?

Maître Gomel, vous qui fûtes longtemps l'ami, le conseil du mari; vous dont l'esprit conciliateur est le caractère distinctif, et que j'ai fait assigner aussi, vous êtes-vous souvenu de mes démarches auprès de vous, lorsque, en 1786, vous engagiez M. Le Noir à tâcher d'arranger un procès déshonorant que les associés de Kornman lui faisaient pour des dilapidations reconnues dans l'affaire des Quinze-Vingts? vous êtes-vous rappelé, dis-je, que je vous suppliai de demander à M. Le Noir, pour condition des grâces qu'il faisait faire à ce misérable homme, qu'il rendît justice à sa femme, et se raccommodât avec celle qui renonçait à sa fortune, l'en rendait le maître absolu, pourvu qu'il consentît, hélas! qu'elle vécût auprès de ses enfants?

Avez-vous dit que, dans les comités d'administration, MM. Le Noir, Gogeart, et plusieurs autres personnes, ayant reconnu qu'il était trop contraire aux intérêts du roi que S. M. prît pour son compte l'intérêt de Guillaume de Kornman dans l'affaire des Quinze-Vingts, seule condition cependant à laquelle cet homme mettait son raccommodement avec la malheureuse mère, vous me demandâtes si je ne pourrais pas déterminer Sainte-James à acquérir cet intérêt au prix d'autres valeurs, lesquelles assureraient et la dot et la paix de la dame Kornman? avez-vous dit avec quelle ardeur j'y courus; comment je fus prier Sainte-James de nous rendre ce bon office; lequel ne s'y refusa que parce qu'il se croyait déjà trop enfoncé dans cette fâcheuse affaire, ce qui rompit la négociation?--

Et vous, monsieur Le Noir, dont l'honorable témoignage ne saurait rester infirmé par les infâmes calomnies d'un Kornman et d'un Bergasse, avez-vous attesté dans votre déposition les prières que je vous fis, a l'époque de Me Gomel, d'employer toute votre influence sur un homme que vous sauviez du déshon-

neur, pour l'engager à rendre justice à sa
femme, à la remettre auprès de ses enfants?

Oui, vous l'avez tous déposé, car vous êtes des
hommes respectables, honorables, recomman-
dables, d'honnêtes gens enfin, tous convaincus
que la délicatesse oblige à souffrir l'importu-
nité d'une déposition juridique, lorsque la justification d'un homme d'honneur outragé,
calomnié, dépend du témoignage qu'il attend, qu'il exige de votre véracité.

Toutes vos dépositions sont entre les mains
de M. l'avocat général; et cette portion du
public qui applaudit encore aux noirceurs
qu'on a tant imprimées ne sait pas que l'affaire est déjà décidée dans l'opinion des magistrats; qu'ils ont mes preuves sous les yeux;
que c'est sur cette foule de pièces que ceux
du Châtelet ont lancé les premiers décrets
contre deux calomniateurs, dont la rage aujourd'hui se venge d'eux par des outrages.
Les a-t-on vus faire autre chose qu'entasser
des horreurs nouvelles pour couvrir d'anciennes horreurs, et noyer le fond de l'affaire dans
une mer d'injures étrangères aux objets sur
lesquels ils sont poursuivis?

Augustes magistrats! quand vous avez si
noblement voté pour la liberté de la presse,
vous avez bien sous-entendu que cette liberté
ne pouvait être utile qu'autant qu'on punirait
sévèrement et son abus et sa licence. Vous
l'établirez en principes; vous le devez à la
nation qui brûle d'en faire une loi; vous vous
le devez à vous-mêmes. Les calomniateurs
n'ont épargné personne.

QUATRIÈME IMPUTATION CALOMNIEUSE DE GUILLAUME KORNMAN, DONT JE DOIS ME JUSTIFIER.

Sa faillite. — J'ai causé, dit-il, sa ruine, forcé
la cessation de ses payements, et sa fuite (qu'il

ne veut pas qu'on nomme banqueroute), en le diffamant en tous lieux.

Ici, ma justification est courte, elle est nette, elle est péremptoire.

Les affaires de cet homme étaient fort dérangées; je m'intéressais à sa femme, qui ne pouvait retrouver sa dot que dans le rétablissement du crédit délabré de son persécuteur. L'examen des Quinze-Vingts m'ayant appris qu'elle avait tout à craindre, aurais-je cherché à ruiner celui dont son sort dépendait? Voilà ce que le seul bon sens fait concevoir à tout le monde. Mais une accusation directe ne se repousse point par des probabilités.

J'ai déposé, avec les autres pièces, la lettre circulaire que Frédéric Kornman répandit dans le public, lorsque Guillaume, son frère, prit la fuite. Cette maison ne dit pas alors que mes diffamations avaient altéré son crédit. Voici les motifs qu'elle donne à sa faillite inattendue, dans cette lettre circulaire.

« Notre discrédit provient essentiellement du fait de notre frère cadet et associé, qui s'est livré personnellement à l'entreprise de l'exploitation des Quinze-Vingts; entreprise dans laquelle il a placé des fonds considérables, à cause des bénéfices qu'elle présentait, et qui peuvent en effet en résulter. Le public a cru que c'était la maison de commerce qui y avait un intérêt direct. Cette opinion, jointe à des divisions domestiques dans la maison de notre frère cadet, a répandu l'alarme et donné sur notre maison des inquiétudes si fortes, qu'on nous a demandé des remboursements de capitaux *conséquents*, etc. (1) »

Et le 19 août intervint ordonnance de M. le lieutenant-criminel. Le procureur du roi, joint

_____

(1) Terme impropre et du bas langage, qui se glisse dans les discours.

aux plaintes de créanciers, etc., portant ces mots sacramentels :

Nous, vu les conclusions du procureur du roi, disons que les scellés apposés *après l'absence du sieur Kornman* par le commissaire *Ninin*, etc... seront levés, etc... titres, papiers, registres, tendants à conviction, etc., apportés, déposés au greffe criminel, *pour servir à l'instruction du procès*, etc., et dès à présent, *attendu l'absence dudit Kornman*, il sera par, etc., procédé *à la vente des chevaux* trouvés en la demeure dudit *Kornman*, et ce en présence de M. *Bélanger*, l'un des substituts, etc.

Signé : BACHOIS.

Ses dettes causaient donc sa fuite; ses créanciers, et non pas moi, le poursuivaient au criminel; on allait lui faire son procès comme ayant pris la fuite après avoir fait sa faillite, qu'il ne veut pas qu'on nomme *banqueroute*.

Mais moi, quel tort commercial ai-je fait à ce Kornman? J'avais secrètement prévenu M. le cardinal de Rohan de mes frayeurs à son sujet. Son Eminence, en qualité d'administrateur pour le roi dans la vente des Quinze-Vingts, ne pouvait voir avec indifférence le désordre de Kornman, *comptable et caissier* de l'affaire (ce qu'ils appellent *surveillant*), car le précepteur a trouvé des dénominations pour tout. J'avais aussi prévenu monseigneur le duc de Chartres, également intéressé dans l'affaire, en ce que son trésorier, l'un des acquéreurs des Quinze-Vingts, pouvait compromettre ses fonds en soutenant ce Kornman. Je voyais bien que ce dernier se dérangeait dans ses affaires; mais j'étais loin de supposer que sa faillite fût si prochaine.

Comment l'aurais-je soupçonné, lorsque, dans quatre lettres, des 22, 25, 27 et 28 juillet (c'est-à-dire de quatre jours avant qu'il prît la fuite), adressées à l'abbé Georgel, on lit ce

propres mots, dans celle du 22 juillet, sur les
soupçons que je montrais de la fausseté de
cet homme? Il écrivit au sieur abbé Georgel :

Je suis incapable de jouer qui que ce soit, encore
moins des personnes aussi respectables que M. le
cardinal.

Il savait donc que moi, l'un des conciliateurs, mettais en doute sa bonne foi?
Et plus bas, dans la même lettre :

Je suis prêt à donner les douze mille livres (*de pension*) à ma femme, et pour ses diamants, je les remet-
trai moi-même à sa famille, attendu que mon conseil, aussi bien que Me Mommet (*le notaire qui dres-
sait l'acte*), m'ont observé que je ne pourrais avoir
de ma femme une décharge suffisante.

Quoi! Kornman, vous offriez douze mille
francs de pension et ses diamants à cette
femme horrible, qui, après avoir tout trahi,
avait attenté à vos jours! etc., etc. Ah! vous
ne vouliez que tromper; vous alliez finir sous
peu de temps!
Et ceux-ci, dans celle du 25 :

J'ai cherché hier Me Turpin (*son conseil*), sans pouvoir le joindre, et je me suis rendu ce matin de très-
bonne heure chez lui, *pour lui communiquer le plan
de conciliation avec ma femme*. Il était enfermé
pour affaires essentielles; il m'a prié de le lui laisser, afin qu'il y puisse faire ses observations.

Et ces mots dans celle du 28 :

L'affaire des Quinze-Vingts ayant *essentiellement*
intéressé monseigneur le cardinal, et *M. de Beaumarchais s'en occupant*, Son Altesse Sérénissime
sera sans doute instruite de son succès.

Il savait donc très-bien que c'était aux instances de M. le cardinal que j'avais consenti
de faire un travail aussi dégoûtant?

Et ces mots dans la même lettre :

J'aurais été charmé de vous rendre compte d'une entrevue *que j'ai eue hier avec ma femme* chez M. le lieutenant de police. Il ne me paraît pas possible qu'on puisse terminer cette affaire (*celle de l'accord avec sa femme*) demain matin chez Mᵉ Mommet ; car *on* ne m'a rien fait connaître encore sur les observations de Mᵉ Turpin.

Vous apprendrez plus bas, lecteur, dans une lettre de moi, du 4 août suivant, qu'il dit alors à sa malheureuse femme, laquelle me le redit sur-le-champ : « *Oh! d'ici à huit jours, on verra bien d'autres nouvelles !* »

C'était sa faillite et sa fuite qu'il annonçait par ce discours.

Et ces quatre lettres sont en original dans les mains de M. l'avocat général.

Et cet *on*, qui ne lui avait rien fait connaître, dit-il, sur les observations de Mᵉ Turpin, c'était moi-même ; et il avait toutes mes observations, et il éludait, allongeait, usait le temps, trompait tout le monde pour attraper le jour où il recevrait l'arrêt de surséance que lui procurait si bénignement M. Le Noir, qu'il en a bien récompensé ; pour attraper, dis-je, le jour où il pourrait s'enfuir avec les quarante mille livres que M. le cardinal avait empruntées pour les lui prêter ; ce qui arriva quatre jours après. J'appris en même temps sa faillite et son arrêt de surséance, le 3 août 1782. Qu'on juge de ma surprise! Veut-on des preuves sans réplique de la colère où je tombai? je les tire des lettres suivantes que l'indignation m'arracha dans l'instant même de sa fuite.

Leur style seul fera juger si j'avais préparé, si j'avais pu prévoir cette dernière scélératesse.

A qui écrivis-je ces lettres? aux quatre personnes seules qu'elles pussent intéresser : à

M. le cardinal; à monseigneur le duc de Chartres; à M. Amelot, ministre, qui venait de
donner arrêt de surséance aux frères Kornman; à M. Le Noir, enfin, qui le leur avait
procuré.

*A M. Amelot, ministre et secrétaire d'État au
département de Paris.*

Paris, ce 4 août 1782.

Monsieur,

Sans chercher à nuire aux sieurs Kornman, à qui
vous avez eu la bonté, dit-on, de faire accorder un arrêt de surséance, j'ai l'honneur de vous prévenir que
M. le cardinal de Rohan m'a *très-instamment prié*,
longtemps avant son départ, de jeter un coup d'œil sévère sur l'administration de l'affaire des Quinze-Vingts
dont Son Éminence a vendu les terrains à une compagnie au nom du roi; que monseigneur le duc de
Chartres m'a fait la même demande avec une égale
instance, parce que son trésorier, qui ne lui a pas
encore rendu ses comptes, est à la tête de cette acquisition avec le sieur Guillaume Kornman.

A l'examen austère que j'ai fait de cette affaire, j'ai
trouvé qu'il y avait bien du tripotage, et même un
peu du désordre qui a entraîné la chute de Kornman. Forcé de faire ôter la caisse de cette entreprise
à ce dernier, pour que le mal n'augmentât pas, j'ai
exigé de lui des comptes rigoureux sur sa gestion; et
une foule de choses m'ont alors convaincu qu'il a mé-
nagé de très-loin la faillite qu'il fait aujourd'hui.

En l'absence de M. le cardinal de Rohan, dont je
stipule ici les intérêts, dans sa qualité d'administrateur des Quinze-Vingts, pour les intérêts de monseigneur le duc de Chartres, et en faveur d'une compagnie (1) *débitrice envers le roi de dix-huit cent*

(1) Dans leur premier libelle, en donnant copie de cette lettre,
ils ont substitué *des points* à la phrase que je mets exprès ici
en italique. Leur double intention était de faire croire qu'il y
avait là des choses trop malhonnêtes pour être citées, et surtout
d'empêcher qu'on ne lût qu'ils étaient débiteurs envers le roi de
dix-huit cent mille livres; car alors on aurait senti l'indispensable nécessité où j'avais été d'éclairer le ministre, qui venait
d'accorder sans restriction un arrêt de surséance aux Kornman,
débiteurs des Quinze-Vingts, moi chargé par monseigneur le cardinal de bien veiller aux intérêts du roi. C'est partout de leur
part, la même fidélité.

mille livres, à laquelle la faillite de Kornman et ses suites peuvent porter un coup affreux. J'ai l'honneur, Monsieur, de vous prier de vouloir bien excepter de la surcharge accordée au sieur Kornman tout ce qui tient à ses relations avec l'affaire des Quinze-Vingts.

Je fais la même supplique à M. Le Noir, qu'on a sûrement trompé sur l'état des choses, si l'arrêt de surséance est accordé sans restriction.

Il importe aux intérêts du roi, de M. le cardinal, et à ceux de monseigneur le duc de Chartres, et à celui d'une affaire majeure que la mauvaise conduite de Kornman a traînée dans la boue, que vous ayez la justice, Monsieur, de faire ordonner la restriction que je vous demande.

Accablé comme je le suis de mes propres affaires, celle-ci devait m'être éternellement étrangère : mais deux personnes augustes *m'ont fait de si vives instances* de porter le flambeau de l'austère équité dans une caverne obscure et méphitique, que je n'ai pu me dispenser de travailler à éclairer votre religion abusée sur cet objet important.

En l'absence de l'un et de l'autre, et sans autre mission que celle que j'ai l'honneur de vous indiquer, mais que je crois la plus forte de toutes, je me hâte de vous représenter, Monsieur, la nécessité d'une aussi grave exception dans la surséance accordée par le roi à la maison Kornman. Je souhaite beaucoup que Guillaume Kornman soit plus digne de votre protection dans ses autres affaires que dans celle des Quinze-Vingts, où il s'est comporté de la manière la plus répréhensible, et c'est le plus doux adjectif que je puisse employer pour désigner une conduite absolument inexcusable.

Je suis avec le plus profond respect,

Monsieur,   Votre, etc.

Signé : CARON DE BEAUMARCHAIS.

A M. Le Noir, lieutenant général de police.

Paris, ce 4 août 1782.

Monsieur,

Forcé de partir à l'instant pour Rochefort et Bordeaux, j'ai l'honneur de vous prévenir que, dans l'excès de votre bonté pour Kornman, si vous lui avez fait accorder un arrêt de surséance sans restriction,

votre bonté vous entraîne au delà de votre justice.
Ayez la complaisance, je vous en prie, de jeter un
coup d'œil sérieux sur ma lettre à M. Amelot, dont
j'ai l'honneur de vous faire passer copie, et vous re-
gretterez sûrement d'avoir substitué votre commisé-
ration à la justice publique, dont vous êtes un des
dispensateurs.

Je ne vous parle pas de sa malheureuse femme. *Il
a eu l'impudence de me dire que c'était vous qui
lui aviez conseillé de la faire enfermer, et que vous
vous étiez chargé de tout, en écrivant à M. Amelot.*
Vous voyez ce que mérite un pareil homme.

Il y a trois mois qu'il ballotte M. le cardinal de
Rohan, l'abbé Georgel, et moi, et sa femme, et mon
notaire, et tous ses amis; tous les actes ont été faits,
et tout ce n'était que pour amener la vile catastrophe
qui lui a valu votre arrêt de surséance. Notez encore
qu'il y a huit jours il a dit à sa femme en riant, chez
vous-même : « *Oh! d'ici à huit jours on verra bien
d'autres nouvelles!*

Ma lettre à M. Amelot vous montrera quelle espèce
d'intérêt je prends à tout ceci; la conduite de cet
homme dans l'affaire des Quinze-Vingts est digne de
la paille des prisons.

Je vous supplie, Monsieur, de concourir à faire
mettre à la surséance la restriction de l'affaire des
Quinze-Vingts, à laquelle il doit des comptes rigoureux.

En vérité, tout cela fait horreur.

Il est bon que vous soyez instruit de toutes ces
choses, afin que des lumières reçues à temps sur des
affaires remplies de vilenies vous empêchent de re-
gretter, quand il serait trop tard, d'avoir prodigué à
des sujets indignes des bontés qui feraient le salut
de mille honnêtes malheureux.

J'ai l'honneur d'être, avec l'attachement le plus
respectueux.

MONSIEUR, Votre, etc.

Signé : CARON DE BEAUMARCHAIS.

*A Son Altesse Eminentissime Monseigneur le Car-
dinal de Rohan.*

En partant pour Rochefort. Paris, ce 4 août 1782.

MONSEIGNEUR,

Instruit comme vous l'avez été par M. l'abbé Georgel de toutes les menées par lesquelles Kornman s'est

jené de ses paroles données à Votre Altesse et à nous, vous croyez tout savoir ; mais ce que vous savez n'est rien. La rocambole de ses manœuvres est une bonne banqueroute qu'il a faite hier matin, après avoir eu toutefois la précaution de se munir d'un bel arrêt de surséance. Vous concevez, Monseigneur, à quel point la colère et l'indignation m'ont soulevé contre lui Pour de l'étonnement, j'en ai fort peu ressenti ; car, sans ce projet ignoble, infâme, toute sa conduite était une énigme inexplicable. Il triomphe maintenant, dans son âme de boue, d'avoir joué tout le monde, et d'être arrivé à son but à travers la coquinerie, le mensonge et la plus vile bassesse.

Je vous en demande pardon, Monseigneur; mais voilà pourtant l'homme pour lequel vous avez fait jouer la grosse sonnerie des privilèges strasbourgeois contre la justice réclamée par la plus malheureuse des femmes. Toutes les sollicitations à cet effet n'avaient pour but que d'attraper le 31 juillet, et d'avoir, avant de manquer, vos quarante mille livres, et les cinquante-quatre mille livres du trésor royal.

Mais un arrêt de surséance obtenu sur simple requête par un banquier de Paris, et sans égard aux créanciers d'un tel homme, me paraît une chose si farouche, que je me suis hâté d'écrire à M. Amelot la lettre dont j'ai l'honneur d'envoyer copie à Votre Altesse, pour faire au moins excepter l'affaire des Quinze-Vingts à qui ce galant homme doit des comptes) des effets de la noble surséance accordée au nom du roi.

En lisant cette lettre, Votre Altesse verra comment, en l'absence de M. l'abbé Georgel, prenant conseil de ma raison et de votre droit, je demande hautement l'exception qui est due à une affaire débitrice du roi, à une affaire où Votre Altesse est administrateur pour le roi, etc., etc.

Nous espérons, Monseigneur, que le premier acte de votre justice, après cette lecture, sera de faire désister la ville de Strasbourg de son droit de juger la séparation entre lui et sa femme. C'est à Paris que nous avons besoin de sonder les affreux replis de cette âme abandonnée. C'est ici qu'il faut lui demander compte et raison de tout; et comme tout s'enchaîne et que je vois un projet de longue main, je vais le faire veiller de si près, *que j'espère encore sauver l'affaire des Quinze-Vingts, à qui ceci porte un coup affreux.* Douze cent mille livres de son papier sur la place! il en a sûrement les fonds : il rendra gorge; et comme il y a longtemps qu'il en a bu la honte, il ne reste plus qu'à lui en faire avaler l'ignominie.

Vous ferez, Monseigneur, ce que votre prudence vous prescrira, d'après ma lettre à M. Amelot: mais comme je serai, dans ma course, instruit par chaque courrier de tout ce qui se fera là-dessus, après avoir couru les côtes de l'Océan jusqu'à Bordeaux, je remonterai par Toulouse et Lyon vous en rendre un nouveau compte à Savorre, et vous y assurer du très-respectueux dévouement avec lequel je suis de Votre Altesse Éminentissime,

Monseigneur,

Le très-humble et très-obéissant serviteur.

Signé : Caron de Beaumarchais.

A Monseigneur le duc de Chartres.

Paris, ce 4 août 1782.

Monseigneur,

Je ne serai peut-être pas assez heureux pour vous trouver ce soir quand je me présenterai au Palais-Royal, à neuf heures, et je ne pourrai y retourner; car c'est avec mes chevaux de poste, et absolument parti, que je m'y présenterai.

Il est très-important que vous sachiez que Kornman a fait banqueroute ou faillite hier, et qu'il a déjà un arrêt de surséance. Je ne puis savoir encore jusqu'à quel point cette faillite peut nuire à l'affaire des Quinze-Vingts; je tremble qu'il n'y ait bien du tripotage dans tout cela.

Je fais en ce moment le premier acte conservatoire utile à vos intérêts et à ceux de M. le cardinal. Il m'a instamment prié d'inspecter *les gaillards* (pour user de vos termes) qui ont usé des fonds de tout le monde pour faire leurs affaires, qu'ils ont même eu la sottise de gâter avec autant de moyens honnêtes et malhonnêtes de les accommoder.

J'écris à M. Amelot que je m'oppose au nom de M. le cardinal, et pour les intérêts du roi, dont la compagnie des Quinze-Vingts est débitrice, à ce que les lettres de surséance obtenues par Kornman aient aucun effet contre les Quinze-Vingts, dont il était caissier. Votre trésorier y étant jusqu'au cou, et ne vous ayant pas encore rendu ses comptes, il est à craindre que l'arrêt de surséance de Kornman ne finisse par vous nuire. C'est à vous, Monseigneur, à voir M. Amelot et M. Le Noir, pour nous aider à obtenir la distraction de la surséance donnée à Kornman, *dans toutes ses relations avec l'affaire des Quinze-Vingts.* Cela vous est essentiel. J'établis pendant mon absence la plus rigoureuse inquisition sur les *gaillards.* En vérité, tout m'est suspect. Votre maison, dit-on, est payée depuis longtemps en effets Kornman; quelle misère aujourd'hui s'il fallait tout rembourser! Cela fait mal penser. Je ne suis pas encore hors d'espoir de tout sauver. Mais, Monseigneur, pendant mon absence, je prie Votre Altesse de ne faire que des actes conservatoires. Il est bien étonnant que je vous aie trouvé *dans l'ignorance absolue des dix-huit cent mille livres que la compagnie est censée avoir payées au roi, mais qu'elle doit encore!* Comment vous laisse-t-on faire un prêt, sans cette instruction préalable, à une affaire dont l'état compromettait la sûreté de votre prêt? Je n'entends rien à tout cela, mais j'espère l'entendre bientôt, et soyez certain, Monseigneur, que je m'en servirai pour vos intérêts.

Je suis, avec le plus parfait dévouement, de votre Altesse Sérénissime, Monseigneur, le, etc.

Signé : CARON DE BEAUMARCHAIS (1).

Ce jour même, à neuf heures du soir, je passai dans ma voiture de poste au Palais-Royal, où j'eus l'honneur de conférer avec Mgr le duc de Chartres sur la partie de cette affaire qui touchait à ses intérêts. Son Altesse, il est vrai, ne fit point de démarches pour faire excepter les Quinze-Vingts de la surséance accordée à Kornman en fuite; mais

(1) Ils ont fait croire à tout le monde que ma lettre à M. Amelot avait ruiné leur crédit; et l'on peut bien juger qu'on m'en a fait un crime; car, dans cette odieuse affaire, l'envie de me trouver coupable a fait passer chacun par-dessus tous les examens. Si l'on eût daigné réfléchir que c'est après *sa fuite, sa surséance et sa faillite,* que j'écrivis ces quatre lettres, l'indignation dont elles sont pleines aurait enflammé mes lecteurs. L'artifice de ces brigands est de tout embrouiller, de tout dénaturer; et le public, inattentif, est toujours dupe de leur artifice

elle me sut beaucoup de gré du zèle que je lui
montrais, prit des précautions intérieures
pour assurer ses capitaux, et, daignant depuis
reconnaître ma lettre du 4 août comme au-
thentique et comme reçue à son époque, monseigneur a trouvé juste que je l'imprimasse
pour servir à ma justification, que nul n'a le
droit d'arrêter.

En quittant Son Altesse, le 4 août 1782, à
dix heures du soir, je partis du Palais-Royal
(car j'étais en route) pour La Rochelle et pour
Bordeaux, d'où je comptais me rendre, par
Montpellier, Lyon et Strasbourg, à Kehl, et
conférer, en passant à Saverne, avec M. le
cardinal, sur l'influence qu'aurait eue la faillite
de Kornman sur l'affaire des Quinze-Vingts.

Mais le sort disposa autrement de mon
temps; je restai cinq mois à Bordeaux, occupé
de mettre à la mer trois vaisseaux richement
chargés pour nos îles et pour l'Amérique, et
que l'Anglais sir James Luttrel, beau-frère
du duc de Cumberland, me prit à vingt lieues
de la côte, par une infâme trahison, non pas
de sir James Luttrel, mais d'un capitaine
suédois exprès sorti de la rivière pour aller
indiquer au commodore anglais l'instant juste
de leur départ. Malheureusement pour moi,
je ne dis que ce qui est connu de mes concitoyens, de toute la France commerçante.

Dernière victime de la guerre, affecté d'une
perte énorme, je revins à Paris en janvier
1783, sans aller à Saverne, et, depuis ce temps
malheureux, je n'ai plus entendu parler ni des
Quinze-Vingts ni de leurs embarras, et je n'ai
eu d'autre part aux affaires de la dame Kornman que par mes prompts secours versés sur
sa détresse, par les consolations qu'elle a reçues de moi : heureux de la dédommager du
peu de fruit de mes démarches pour la remettre auprès de ses enfants.

Depuis plus de trois ans, le sieur Kornman était sorti de ma mémoire, quand deux assignations de lui me forcèrent d'aller déposer comme témoin ce qui m'était connu de ses querelles avec sa femme. Assigné et réassigné, je dis en abrégé, sous la plume d'un commissaire, tout ce qu'on lit ci-dessus. Autre silence d'une année, puis leur premier libelle parut. J'y répondis, ils répliquèrent; et pour tâcher d'annihiler mon témoignage, ils cherchèrent et trouvèrent dans mes anciens valets quelques faux témoins contre moi.

Un portier chassé de ma maison, mais à qui je faisais l'aumône parce qu'il avait de la famille, m'implorait assez constamment (toutes ses lettres sont au procès); mais comme il employait l'argent qu'il m'arrachait à s'enivrer, à enivrer mes gens, je lui fis défendre ma porte. Un jour, il m'écrivit la lettre qu'on va lire.

Rue des Juifs, au Marais, nº 20,
chez M. Rivière, cordonnier.

MONSIEUR,

Vous m'avez défendu votre porte, et c'est la raison pour laquelle je vous écris, ne pouvant vous parler. Vous m'avez réduit à la plus affreuse misère par l'injustice que vous m'avez faite sur le vol qui a été commis chez vous, et dont vous savez bien que je suis innocent.

Aujourd'hui, Monsieur, je suis dans le cas de vous faire le plus grand mal; je ne vous en dis pas davantage, mais *vous pouvez m'envoyer chercher*, et je vous le dirai et l'expliquerai, *mais il est juste que j'y trouve un avantage*. Si je n'avais suivi que les mouvements d'un juste ressentiment, fortifiés par la misère, *j'aurais pu aller contre vous à votre insu*, et vous vous seriez aperçu trop tard, ou peut-être jamais, du mal que je puis vous faire. *J'y aurais aussi trouvé mieux mon compte*; mais je répugne, après vous avoir servi neuf ans, à prendre ce parti, et j'aimerais mieux vous prouver dans cette occasion combien vous avez eu tort d'accabler votre ancien serviteur.   *Signé* : MICHELIN.

Je reconnus ici l'ouvrage de mes deux adversaires, corrompant tout autour de moi;
car cette lettre était dictée, ce n'est point là
le style d'un portier. Mon premier soin fut
d'envoyer la lettre à M. le lieutenant de police, en le priant de faire interroger cet homme par un commissaire, sur le mal qu'il savait de moi, afin qu'il fût *juridiquement constaté.* Au premier ordre qu'il reçut d'aller faire
sa déclaration, il prit l'alarme et se cacha.
Aussitôt le fougueux Bergasse imprima que
j'avais arraché au ministre une lettre de cachet contre un pauvre homme instruit de mes
forfaits. Il mentit sans pudeur au public,
comme il n'a cessé de le faire, et le public se
tint pour dit que je disposais des ministres
pour servir mes atrocités. Comment en aurait-il douté quand on citait un magistrat du
Parlement, indigné, disait-on, de tant d'abus
de mon crédit qu'il était temps de réprimer?
On connaîtra plus loin l'objet de cette intrigue.

Alors, bien sûrs de disposer de ce tas de valets qui leur était vendu, ils firent déposer
contre moi chez maître Baudet, commissaire,
ce portier et sa femme, et ses filles et son
gendre; c'est le cocher que l'on a vu plus haut
arranger avec ces messieurs la course honorable et nocturne qu'ils me font faire dans ma
voiture pour conduire une femme, enfermée
depuis six mois par lettre de cachet, au lit
d'un amant prétendu, lequel était parti depuis huit mois pour la Hollande. Et voilà les
nobles témoins qu'ils ont salariés et pro-
duits !

Mais quelle rage arme donc contre vous ce
Kornman et ce Bergasse? — C'est là le secret
de l'affaire, et je ne poserai pas la plume sans
vous l'avoir bien dévoilé. Mais qu'il me soit
permis d'oublier un moment ma cause pour

m'occuper d'un fait très-grave qui intéresse la dame Kornman.

Quelle opinion prendriez-vous de moi si j'achevais ce plaidoyer sans compléter la preuve que j'ai promise des torts de cet époux envers sa femme qu'il accuse?

Eh! dois-je abandonner celle que j'ai sauvée une fois, parce que ce service m'a jeté dans quelque embarras? Le nom d'ami ne serait qu'un vain titre si l'on n'en remplissait pas les devoirs. Souffrez, lecteur, que je revienne sur un fait important qu'ils ont couvert de calomnie pour en faire oublier la trace; souffrez que je revienne sur les lettres écrites au sieur Daudet par le sieur Kornman en 1780. Elles m'ont engagé à servir cette infortunée; elles doivent éclairer la religion des magistrats, toucher les juges en sa faveur, et faire tomber le masque de ses persécuteurs.

FIN DU QUATRIÈME VOLUME

DESACIDIFIE
à SABLE : 1994

Paris.— Imprimerie Nouvelle (association ouvrière). 11, rue Cadet. A. Mangeot, directeur.—676-93

www.ingramcontent.com/pod-product-compliance
Lightning Source LLC
Chambersburg PA
CBHW070355090426
42733CB00009B/1431